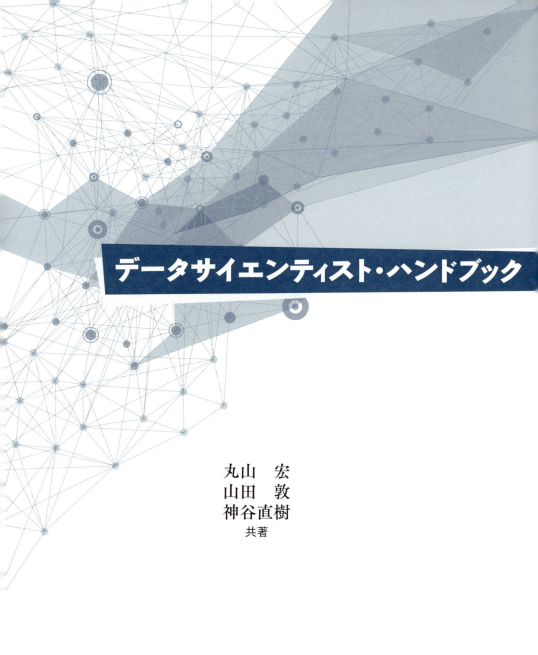

データサイエンティスト・ハンドブック

丸山　宏
山田　敦
神谷直樹
共著

近代科学社

◆読者の皆さまへ◆

平素より，小社の出版物をご愛読くださいまして，まことに有り難うございます．
㈱近代科学社は 1959 年の創立以来，微力ながら出版の立場から科学・工学の発展に寄与すべく尽力してきております．それも，ひとえに皆さまの温かいご支援があってのものと存じ，ここに表心より御礼申し上げます．
なお，小社では，全出版物に対して HCD（人間中心設計）のコンセプトに基づき，そのユーザビリティを追求しております．本書を通じまして何かお気づきの事柄がございましたら，ぜひ以下の「お問合せ先」までご一報くださいますよう，お願いいたします．

お問合せ先：reader@kindaikagaku.co.jp

なお，本書の制作には，以下が各プロセスに関与いたしました：

・企画：小山　透
・編集：石井沙知
・組版，カバー・表紙デザイン：菊池周二
・印刷，製本，資材管理：藤原印刷
・広報宣伝・営業：山口幸治，冨髙琢磨

●本書に記載されている会社名・製品名等は，一般に各社の登録商標または商標です．本文中の©，®，™ 等の表示は省略しています．

・本書の複製権・翻訳権・譲渡権は株式会社近代科学社が保有します．
・ JCOPY 〈(社) 出版者著作権管理機構 委託出版物〉
本書の無断複写は著作権法上での例外を除き禁じられています．
複写される場合は，そのつど事前に（社）出版者著作権管理機構
（電話 03-3513-6969，FAX 03-3513-6979，
e-mail: info@jcopy.or.jp）の許諾を得てください．

はじめに

　過去50年にわたって，情報技術（IT）が指数関数的に発展してきたおかげで，我々は爆発的な量のデータ，いわゆるビッグデータを手にすることになった．しかし，これらのデータの多くは適切に分析されずに眠っている．データからどのように新しい価値を引き出すことができるか，それをプロとして行うのが，いま脚光を浴びている「データサイエンティスト」である．ビジネス誌 Harvard Business Review の2012年10月号はビッグデータの特集であり，その中で「データサイエンティストほど素敵な仕事はない」という記事がある[1]．オライリーが出版している，データサイエンティストの給与サーベイ2014年版[2]によれば，53カ国800名以上のデータサイエンティストの年収の中央値は9万8千ドル（1ドル123円として，およそ1,205万円）とのことである．

　一方，データ分析のプロになるかどうかに関わらず，ビジネスを行う者は皆，今後データを意思決定につなげるスキルが重要になってくる．イアン・エアーズは著書『その数学が戦略を決める』[3]の中で「我々は今，馬と蒸気機関の競争のような歴史的瞬間にいる．直感や経験に基づく専門技能がデータ分析に次々に負けているのだ」と述べている．数字で物を考える，統計の力を理解するなど，データ分析とそれに基づく意思決定が，これからの社会の中で必須なものになるのは間違いない．

　本書は，データサイエンティストに関する状況を様々な視点から俯瞰的にまとめたものである．想定する読者は，データサイエンティストを目指す人，データサイエンティストを育成し活用する組織の管理職である．

　本書は次のように構成されている．第1部では，データサイエンティストとはどのような人材か，データ分析とはどのような仕事か，データサイエンティストになるにはどうしたらよいか，などデータサイエンティストを取り巻く環境について述べる．第2部では，データサイエンティストが知っておくべき様々な分析手法について概括する．データサイエンティストとなる人は，少なくともここに挙げられた手法について，その位置づけと特徴をよく知っていてほしい．一方，第3部はどちらかといえば管理職向けであり，分析組織形態のありかた，デー

サイエンティストの調達・育成方法，データ分析を進めるプロセス，ITインフラとしての分析基盤とデータ管理など，データ分析を有効に使うために知っておくべき，組織に求められる様々な側面について述べる．

なお，データ分析を取り巻く環境は日進月歩である．本書で述べることは，2015年前半における状況であり，その後の状況は異なるかもしれない．常にWeb等で最新情報に触れていてほしい．

本書執筆の機会を与えてくださった樋口所長をはじめ，統計数理研究所の皆様に感謝いたします．また，本書に関して有益なアドバイスをいただいた，日本アイ・ビー・エム株式会社の鈴木至氏，米沢隆氏，西村広之氏に感謝いたします．

2015年7月

丸山 宏・山田 敦・神谷直樹

参考文献

［1］ T. H. Davenport , D. J. Patil: Data scientist: The sexiest job of the 21st century, *Harvard Business Review*, October 2012, pp. 70-76, 2012.

［2］ J. King , R. Magoulas: 2014 Data Science Salary Survey: Tools, Trends, What Pays (and What Doesn't) for Data Professionals, 2014. ［オンライン］. Available: http://www.oreilly.com/data/free/2014-data-science-salary-survey.csp. ［アクセス日：8 June 2015］.

［3］ I. Ayres : Super Crunchers: *Why Thinking-By-Numbers is the New Way To Be Smart*, New York, NY: Bantam, 2007.
（山形浩生 訳：『その数学が戦略を決める』，文藝春秋，2007．）

目次

はじめに …… i

第1部 データサイエンティスト

第1章 データサイエンティストとは
- 1.1 データ分析の仕事 …… 3
- 1.2 データサイエンティストの人物像 …… 16

第2章 データサイエンティストになるには
- 2.1 データサイエンティストに要求されるスキル …… 18
- 2.2 学習の方法 …… 20
- 2.3 データ分析を理解するリテラシー …… 21
- 2.4 キャリアとしてのデータサイエンティスト …… 24
- 2.5 若いうちに何を学ぶべきか …… 26

第3章 データサイエンティストの育成
- 3.1 カリキュラム …… 28
- 3.2 実習・インターンシップ …… 29
- 3.3 実習用のデータ …… 29
- 3.4 ツールの利用 …… 31

第2部
データ分析の手法

第4章 データ分析の局面
- 4.1 データ分析の目的 …… 36
- 4.2 目的変数と説明変数 …… 38

第5章 データの準備と可視化
- 5.1 データの概要を知る …… 41
- 5.2 データの可視化 …… 44

第6章 アソシエーション分析
- 6.1 POSデータからのパターン発見 …… 50
- 6.2 信頼度と支持度 …… 51
- 6.3 ルールを選ぶ指標 …… 52

第7章 クラスタリング
- 7.1 レコード間の類似 …… 54
- 7.2 階層的クラスタリング …… 55
- 7.3 k 平均法 …… 55

第8章 分類・回帰
- 8.1 分類 …… 59
- 8.2 回帰 …… 62
- 8.3 モデル選択 …… 63
- 8.4 フィッティング（パラメタ適合） …… 64

第9章 統計的機械学習
- 9.1 特徴量の抽出 …… 66
- 9.2 高次元データの扱い …… 69
- 9.3 訓練データによる学習結果の評価 …… 70
- 9.4 機械学習を用いる際の考慮点 …… 71

第10章 時系列解析
- 10.1 確率過程と時系列 …… 73
- 10.2 定常性 …… 75
- 10.3 定常から非定常へ …… 77
- 10.4 状態空間モデル …… 78

第11章 最適化
- 11.1 線形計画法 …… 80
- 11.2 凸計画法 …… 82
- 11.3 勾配法 …… 83

第12章 実験計画
- 12.1 相関と因果 …… 85
- 12.2 A/Bテスティング …… 86
- 12.3 直交表に基づく分析 …… 87

第3部 データ分析を有効活用できる組織

第13章 データを活用する組織の形態
- 13.1 専門組織型 …… 93
- 13.2 埋め込み型 …… 93
- 13.3 専門組織型と埋め込み型の比較 …… 93
- 13.4 ハイブリッド型 …… 98
- 13.5 あなたの組織に適した分析組織形態 …… 99
- 13.6 意思決定の体制 …… 100

第14章 データサイエンティストの調達
- 14.1 組織内部での育成・転用 …… 102
- 14.2 外部からの採用 …… 103
- 14.3 外部サービスの利用 …… 104
- 14.4 プロジェクトチームの編成と運用 …… 105
- 14.5 継続的な研鑽とコミュニティの利用 …… 106

第15章 データ活用プロセスの構築
- 15.1 4つのステップ …… 107
- 15.2 構想ステップ …… 109
- 15.3 検証ステップ …… 111
- 15.4 パイロット展開ステップ …… 115
- 15.5 本格展開準備・運用ステップ …… 117
- 15.6 スキルを加味したデータ活用プロセスの再整理 …… 122
- 15.7 データ活用プロセスに基づく分析テーマの統治 …… 124

第16章 分析基盤の整備とデータの管理
- 16.1 ビッグデータ時代の分析基盤 …… 126
- 16.2 データ管理 …… 129

第17章 意思決定のありかた
- 17.1 意思決定の方法論 …… 134
- 17.2 予測と意思決定 …… 139

第18章 データの分析・利用に関する権利と義務
- 18.1 データ分析における利害関係者（ステークホルダ）…… 141
- 18.2 知的財産権に関わる法律 …… 143
- 18.3 個人情報保護 …… 144
- 18.4 契約と秘密の保護 …… 145
- 18.5 オープンデータの動き …… 146

おわりに …… 149
索引 …… 153
著者紹介 …… 158

データサイエンティスト

「データサイエンティスト」という言葉をよく聞くようになった．データサイエンティストとはどのような人だろうか．サイエンティストというからには，科学者なのだろうか．データとそれを処理する情報技術は世の中を大きく変えつつある．その中心にいるのが，データを分析し，それを価値に変えるプロフェッショナル「データサイエンティスト」だ．本書の第1部では，データサイエンティストとは何か，データサイエンティストになるには何を学んだらよいのか，データサイエンティストを育てるにはどうしたらよいのか，を考える．

第1章 データサイエンティストとは

「はじめに」でも触れた Harvard Business Review の記事において，トーマス・ダベンポートは，「データサイエンティストとは，高度な数学的素養を持ち，プログラミングに長けていて，好奇心旺盛で企業の経営にも興味を持つ，スーパースターである」と述べている[1]．スタンフォード大学で博士号を取得し，Googleを創業したラリー・ペイジやセルゲイ・ブリンのような人物像を彷彿とさせる．また，シリコンバレーの"Insight Data Science Fellows Program"[2]は，物理や数学などの博士号所持者に対して6週間のプログラミングなどのトレーニングを施すという，彼らを企業に送り込むためのデータサイエンティスト育成プログラムである．このプログラムの修了生は，例外なくGoogleやFacebookなどシリコンバレーの著名企業に就職しているそうだ．履修費用はすべて企業が負担する．米国において，データサイエンティストがもっとも魅力的な職業といわれる所以である．

だが，必ずしもすべてのデータサイエンティストが，ダベンポートのいうようなスーパースターというわけではないだろう．我が国でデータサイエンティストの育成や社会に対する普及啓蒙活動を行っているデータサイエンティスト協会は，およそ1年にわたる集中的な議論の結果，2014年12月にデータサイエンティストの「ミッション，スキルセット，定義，スキルレベル」を発表した[3]．それによれば，データサイエンティストとは，人間を数字入力や情報処理の作業から開放するプロフェッショナル人材であり，そのミッションは「データの持つ力を解き放つ」ことである，とされている．

「データの持つ力を解き放つ」ためには，データを分析するだけでは足りないことに注意してほしい．ビッグデータを解析して「何か面白いことが見つかった」だけでは，データサイエンティストの仕事は半分しか終わっていない．分析の結果から，既存のビジネスプロセスを変え，その結果新しい価値を生んでこそ，初めて「データの持つ力を解き放った」ことになるのである．逆に，データの持つ力を解き放つことができるのであれば，必ずしもデータの深い分析は必要でない

かもしれない．分析しなくても，データを整理・統合してうまく見せるだけで，データの力をビジネスに結びつけられる場合もある．このように，データサイエンティストとは，単にデータを分析するだけにとどまらない，新たな種類のプロフェッショナルということができる．

なお，このようなプロフェッショナルを「サイエンティスト」と呼ぶことには異論もあるだろう．自然科学に代表される「サイエンス」の本質が「知識の探求」にあるのだとすれば，データサイエンティストがやることはむしろ「価値の創造」であるからだ．これは著者の想像だが，「データサイエンティスト」という言葉が生まれた背景には，米国におけるデータサイエンティストの多くが，物理学や生物学などの博士号を持つ本物の科学者であったことに加えて，「サイエンティスト」という言葉が高度なスキルを連想させて人々を惹きつけやすい，ということがあったのではないかと思われる．仮説を立て，実験を行い，最適な解を探索する，という営みや方法論において，科学者とデータサイエンティストとに共通する点は確かにある．だが，データサイエンティストが科学者であると考えるのは誤解であろう．本書では，「データサイエンティスト」という用語を用いるが，これには科学者という含みはなく，上記の「データの力を解き放つ」プロフェッショナルを指しているのだと理解していただきたい．

1.1 データ分析の仕事

データ分析[1]の仕事をイメージするために，著者の経験に基づく，ある架空のプロジェクトを想定し，典型的なやりとりを描いてみよう．ここでは，お客様とデータサイエンティストとの会話を追って，プロジェクトがどのように進んでいくかを概観してみることにする．

目的の確認

データ分析プロジェクトで，まずやらねばならないのは，ビジネス目的の確認である．

---

1 本書では「データ分析」という言葉を，データに基づいてビジネス価値を高める活動一般を含む，広い意味で用いる．アナリティクスやデータマイニングという言葉で呼ばれることもあるが，指しているものはほぼ同じと考えてよい．

「各店舗で、どの食品が何個売れるかを予測したい.」

「予測できたら、何が嬉しいのか.」

「賞味期限切れで廃棄する食品の数を減らせる.」

想定効果の確認

廃棄する食品の数を減らすことがビジネス目的であることがわかった. では, もしこのプロジェクトが本当にうまくいったとしたら, どの程度のビジネス効果があるのだろうか.

「廃棄による無駄なコストは, 現状いくらくらいか.」

「全店舗の年間分を合わせると〇〇億円になる. 仮に5%減らせると, 年あたり〇億円のコスト削減が見込める.」

現状業務の確認

なぜそのような効果が期待できるのかを知るためには, 現状の業務の流れ（ビジネスプロセス）を理解しなければならない.

「賞味期限切れ廃棄で困るのは誰か.」

「本部の我々だ. 本部が各食品の発注数を決めて, まとめてメーカーに発注しているからだ.」

「つまり, お金と物の流れは, 図1.1でよいか.」

「その通りだ.」

1.1 データ分析の仕事

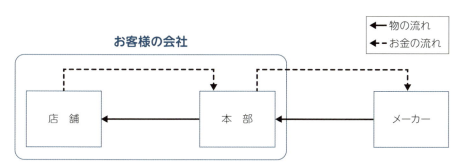

図1.1 お金と物の流れ

 データ分析で解く問題の確認

　ビジネスプロセスが理解できたら，解決したい課題をデータ分析の問題に落とし込まなければならない．そのためには，データサイエンティストの知識と経験をフル動員して，お客様の課題をデータ分析の言葉に翻訳する必要がある．

デ：「各食品の販売数を，店舗単位で精度よく予測したいと最初に伺ったが，それが本当の関心事なのか．」

客：「そう思っている．それがわかれば，それを集計し，メーカーへの発注数を決められる．」

デ：「重要なのは，各店舗単位での予測精度ではなくて，各店舗の合計，つまりメーカーへの発注数の予測精度ではないのか．」

客：「確かにそうだ．メーカーへの発注数の読み間違えが，廃棄ロスを生んでいる．」

デ：「では次に食品についてお伺いしたい．予測したい食品は，新発売品かそれとも既存品か．」

客：「両方だ．両方まとめてメーカーに発注する．」

デ：「一般に新発売品についての予測は難しい．新発売品は全商品の何割くらいあるのか．」

客：「5％もない．」

デ「仮に新発売品の予測精度が悪くても，既存品の予測精度が良ければ，商品廃棄のコスト全体は減らせると思うが，どうか.」

客「それは確かにそうだ．まず既存品の予測精度を上げることに注力するのでよい.」

デ「では次に，いつの時点でいつの時点を予測したいのか，伺いたい.」

客「発注は1週間単位でやっている．メーカーは食材の仕入れと加工が必要なので，発注から納品まで1週間のリードタイムを見込んで発注する．我々本部での発注準備の時間も加味すると，発注の3日前に，発注から7日後時点での累積販売数を各商品について予測したい．この数字をもとに，メーカーに発注する.」

デ「つまり，予測する時点と，予測したい時点・数は，図1.2でよいか.」

客「その通りだ.」

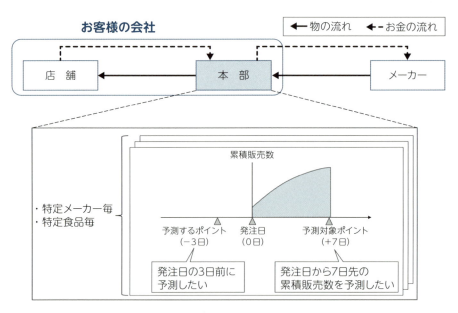

図1.2　データ分析で解く問題

データ分析の基本方針策定

次に,分析の基本方針,つまり回帰分析,判別分析,クラスタリング,テキスト分析などの中でどの手法を幹とするのかを決める.また説明変数の仮説を検討する.以下のお客様との対話では,データ分析の基本方針を提示し,合意形成する.

「これまでの話を聞くと,関心事はメーカーへの発注数である.店舗での販売数を予測し,それを集計してメーカーへの発注数を求めるのがよさそうだ.類似する店舗・食品をグループ化し,そのグループ単位で予測モデルを作ることを試行してみてもよい.つまり図1.3に示す基本方針で取り組んではどうかと思うがどうか.」

「その方針で進めてみよう.」

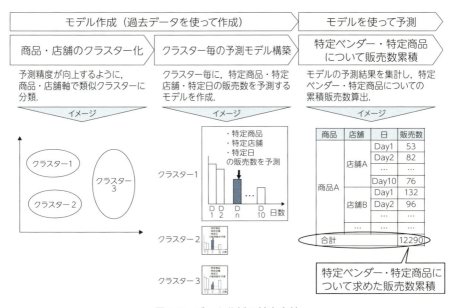

図1.3 データ分析の基本方針

説明変数の仮説確認

お客様は自身のビジネスの専門家であり，意識的にしろ，無意識にしろ，目的変数がどのように決まってくるかについて，多かれ少なかれ自分の考えを持っているものだ．データサイエンティストはこのような「現場の仮説」も引き出しておかねばならない．

「予測に影響を与えそうな要因を，わかる範囲で教えてほしい．」

「まず天気．たまに販促もやるのでそれも影響する．もちろん欠品だと売れない．その他に，あれやこれや…」

「図1.4に示すように，これらの要因から各種説明変数を作り，販売数を予測する回帰の問題に定式化しようと思う．」

「わかった．」

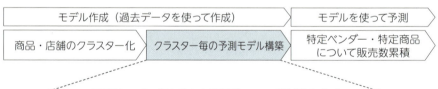

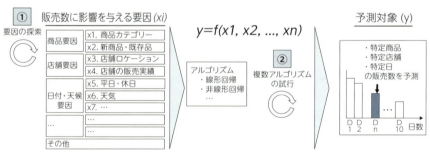

図1.4　販売数の予測モデル

データの確認

　データ分析を行うためには，データが手に入らなければ話にならない．お客様との以下の対話では，立案した基本方針に従って解くためのデータの入手可能性についてインタビューしている．この活動では，テーブル定義書やサンプルデータを確認し，データがあるか，紐づくか，データ量は足りているかを見極める．併せてデータサイズの規模感を把握し，PCで分析できるレベルのデータサイズなのか，あるいはビッグデータを扱える分析環境を手配すべきなのかを見極める．

「使えるデータについて確認したい．」

「店舗のPOSデータがある．」

「店舗の在庫数も併せてわかるか．欠品状態を考慮すると予測の精度に寄与すると思う．」

「わかる．」

「メーカーへの発注数のデータも入手できるか．」

「大丈夫．」

「テーブル定義書とデータサンプルを確認させてほしい．」

「わかった．準備する．」

「一番サイズが大きそうなのはPOSデータに思える．データサイズの情報がほしい．」

「過去10年分で40GBほどある．店舗数が多いからね．」

分析計画の策定

データ分析は，多分に探索的なものである．どれほど精度良く予測できるかはやってみなければわからない．そのため，データ分析プロジェクトでは，最初に検証ステップを置き，効果が出るかどうかを見極めることが多い．そのための計画を策定する．

「次の検証ステップについて実施計画を立ててみた．図1.5のような進め方でどうか．」

「わかった．その進め方で上層部の了承をもらうことにする．」

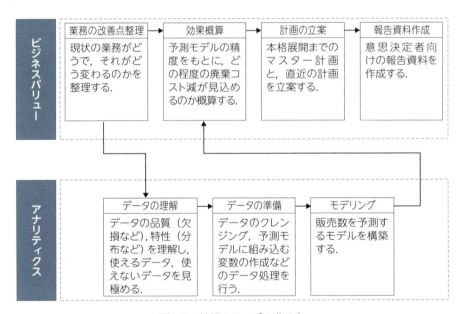

図1.5　検証ステップの進め方

データ分析の実施と結果の確認

いよいよデータ分析に着手する．分析作業は，予め作成した基本方針に従って進め，分析結果は定期的にお客様に報告する．

「商品要因と店舗要因に関する主要な説明変数を実装し，予測モデルをいったん試作した．過去データを使って予測性能を評価してみると，図1.6の状況だ．」

「まだ予測が大きく外れるケースが見られる．平日か休日かで売上は大きく変わるから，その要因を優先的にモデルに反映してほしい．」

「わかった．それを優先的に，そして他にいくつか説明変数を追加してみる．併せてその他の手法についても試行してみる．」

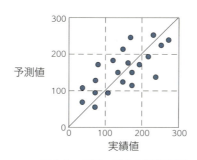

図1.6　予測モデルの性能評価
過去データを使って，モデルが導く販売数予測値と販売数実績値のずれを評価．

効果概算

予測性能が安定してきたら，次に効果を概算する．賞味期限切れで廃棄する商品をどの程度減らせるか，いくつか前提を置いて試算する．

「廃棄による無駄なコストの現状を確認し，それをいくら減らせるか試算してみると，年間○億円となる．試算では，予測誤差を示すMAPE値[2]が10%であると前提を置いた．」

「実現に向けて進めるに値しそうだ．」

---

[2] MAPE（mean absolute percentage error）値は，図1.6に示す予測値と実績値のずれを数値化する値で，図の点がすべて対角線上にあるとき値0をとり，点が対角線から広がるにつれて値が大きくなる．

パイロットの実施と評価

　データ分析で効果が得られそうだとわかれば，次は地域や商品を限定して，パイロットを実施する．パイロットを通して，分析が現場で機能することを評価する．評価では，分析のアウトプットを現場の業務担当者が活用できるかどうかも大切な評価対象である．

「関東地域の店舗に商品を提供しているメーカーから2社を選び，パイロットを実施しようと思う．本部の商品発注の責任者とメーカーの責任者にはすでに話をしておいた．」

「わかった．パイロット実施に向けて，メーカー2社の各商品に対して予測販売数を準備する．」

「ところで，本部の商品発注担当者から，『その予測値は，どれくらい信用できるのか？』という質問を受けた．どう回答すればよいか．」

「予測値の上振れ，下振れの幅についての情報も併せて提供する．パイロット期間に得られた販売実績が，どの程度その幅に入っているかを評価しようと考えている．その評価結果から，予測値がどれくらい信用できるか判断してほしい．」

「わかった．商品発注担当者にそう伝えておく．」

 本格展開に向けた業務・システムの準備

　パイロットで良い評価結果が得られた．いよいよ全地域・全商品への展開に向け準備する．まず本格展開時の業務プロセスを設計し，そして，人による作業では非効率な部分に対し，システムによる自動化を検討する．

「パイロット展開で良い評価結果が得られたので，全地域・全商品に展開していこうと思う．何を準備していけばよいか．」

「まず業務プロセスを設計し，誰が何の役割を行うのかを明らかにする．設計する業務には，予測モデルのユーザーである本部の業務，予測モデルを作成・メンテナンスする人の業務，それから最新データを調達する業務を含める．」

「システム化の側面についてはどうか．」

「一般には，設計した業務プロセスの中で，人手では回らない業務については，システムによる自動化を検討した方がよい．今回の場合，本部の商品発注担当者は，メーカー毎・商品毎に発注数を決める必要があり，その数が多いため，その業務をシステムでサポートするのがよいだろう．」

現場への定着化

業務の現場が分析の結果をすんなり活用してくれればそれでよいが，そうはならないケースも多い．人間は変わること，つまり新しい業務の受け入れに抵抗するものだからだ．そのため，チェンジマネージメントと呼ぶ，変革を現場に浸透させる活動を進める．

「本格展開に向けて準備を進めているが，関西を担当する発注者達が，予測モデルの利用に抵抗を示している．どうやら関西地区担当のトップが，予測モデルの活用に否定的な発言をしているようだ．」

「コミュニケーション計画を立てよう．つまり，本格展開するために，誰と何を会話するかの計画だ．コミュニケーションにおいて，パイロットで得た良い評価結果が，納得を得るのに役に立つはずだ．また，コミュニケーションの状況によっては，関東地区への展開を先に進め，その結果を踏まえて関西地区とコミュニケーションを続けるというアプローチも視野にいれておこう．」

モデルのメンテナンス

予測モデルの全国での運用が，めでたく開始された．しかしモデルには賞味期限があり，時間の経過と共に性能が劣化する．そのため，モデルの性能を評価し，定期的にメンテナンスをする必要がある．

「予測に基づく新しい業務プロセスを導入して1年経ったが，発注担当者が，『最近，予測があまり当たらなくなってきた』といっている．」

「モデルの予測値と実績値を使ってモデルの性能を測ってみた．その結果，ここ数ヶ月は特に，運用開始時と比べて性能の劣化が大きい．最新のデータで予測モデルを作り直し，運用開始時と同程度の性能であることを確認することにする．」

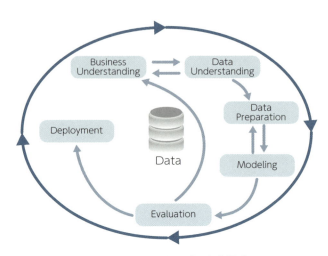

図1.7　CRISP-DMによるデータ分析プロセス

　以上，データ分析の典型的なプロジェクトの流れを追ってみた．この例でわかるように，データ分析の仕事は，いくつかのステップに分解することができる．EUのESPRITプロジェクトの中で議論されたデータ分析のフレームワークとして，CRISP-DM（図1.7）がある．CRISP-DMでは，データ分析プロセスを以下の6つのステップに分けている．

1. ビジネスを理解する（Business Understanding）

    データ分析は，故障の原因を知りたいとか，売上を最大化したいというように，必ずビジネス上の目的を持って行われる．このため，まずはビジネスの目的と，ビジネス目的を取り巻く様々な要件について理解しなければならない．

2. データを理解する（Data Understanding）

    次に，ビジネス目的を達成するために，どのようなデータが手に入るのかをまず考える．そして，それらのデータはどのように収集され，何を記録したものなのか，そのデータの品質はどの程度かを理解しなければならない．

3. データを準備する（Data Preparation）

    得られたデータは通常，そのままデータ分析ツールに投入できるような形

にはなっていない．データの形式が異なっていたり，単位系が異なっていたり，欠損値や外れ値があったりする．これらを整理して，次のモデリングのフェーズに対応できるようにするのが，データ準備のステップである．

4. **モデリングを行う (Modeling)**

    ここでは，本書の第2部で述べるような様々なデータ分析のテクニックを用いて，データを分析し，データの中にある構造（モデル）を明らかにする．このステップを広い意味でモデリング（modeling）と呼ぶことがある．

5. **モデルを評価する (Evaluation)**

    モデルは常に仮説であり，それが絶対的に正しいかどうかはわからない．したがって，モデルに基づいてビジネスの意思決定を行う前に，必ずモデルがビジネス目的に照らして適切かどうかを評価しなければならない．

6. **モデルをビジネスの中に組み込む (Deployment)**

    モデルをビジネスのために利用する．売上向上のための最適なキャンペーンの選択のように，1回の意思決定に使われる場合もあれば，品質向上のためのフィード・バックプロセスを生産工程に組み込む，などのように，ビジネスプロセスそのものの改善によって組み込む場合もある．上記のシナリオにおいては，予測に基づく新しい発注業務プロセスを構築し，運用することにあたる．

データ分析プロセスを考える際に，2点気をつけたいことがある．1つは，上記のステップのうち，3. のデータ準備にかかる時間・手間が非常に大きいことである．データ準備の手間がデータ分析プロジェクトの8割に達する，というケースもある．したがって，データ準備のために十分な時間を見込んでおくことが大切である．

もう1つは，これらのステップは，1つの段階が完結してから次のステップに進む，という性質のものではないことである．モデリングの結果，新たなデータが必要となり，データの理解・準備が必要となることもある．評価の結果，ビジネス目的そのものを見直すこともあるかもしれない．本書の第3部では，データ分析をプロセスとして見たときに，組織としてどのようにプロセスを設計すべきか，についても議論する．

1.2 データサイエンティストの人物像

　実際に仕事をしているデータサイエンティストとはどのような人々だろうか．著者の1人は，データ分析をサービスとして提供するコンサルタントである．顧客のビジネスを分析し，データ分析に基づいてどのようにビジネスを改革するか，あるいは新しいビジネスを創造できるかを支援している．アクセンチュアの工藤卓哉氏も，同じくデータ分析に関するコンサルタントという立場で活躍されている．2013年に日経ITProによって「データサイエンティスト・オブ・ザ・イヤー」に選出された大阪ガスの河本薫氏は，大阪ガス社内においてデータ分析チームを率いていて，機器の故障予測から，天然ガスの購入戦略の最適化まで，社内のあらゆる部署のデータ分析の支援を行っている．

　一方，近年急速に成長しているネット関連のビジネス，例えばオンラインゲームやオンライン広告などの業界では，ビジネスのコアとなるアルゴリズムを開発しているデータサイエンティストたちがいる．彼らは，どの利用者にどの広告を表示したらよいか，などのアルゴリズムを，ネット上のトラフィックから得られる大量のデータに基づいて日々改良し，それがただちに日々のクリック率や売上などのKPI（主要業績指標）に結びついている．

　もっと伝統的な業種の中にも，データサイエンティストと呼べる人たちがいる．製造業の現場では，昔から統計的品質管理の重要性が認識されていて，工場の生産工程から得られるデータに基づいて品質や生産性の向上を図るために，データ分析を日常の業務として行っているプロフェッショナルが活躍している．金融の世界では，様々な指標の予測や金融商品の開発を行う，クォンツと呼ばれるデータ分析専門家がいる．保険業界では，数理モデル・データ分析の専門家はアクチュアリーと呼ばれる．彼らは自分たちを「データサイエンティスト」だとは認識していないかもしれないが，広い意味でデータサイエンティストと呼んでもよいだろう．

　また，データサイエンティストとは呼べないかもしれないが，データサイエンティストの仕事を支える周辺の仕事をしている人たちもいる．データサイエンティストには，データを収集し分析する計算機環境が必須である．企業において，様々なビジネス活動から得られるデータを収集し，整理し，データウェアハ

ウスに統合するのは，主に情報システム部門の役割である．ここには，システム管理者，データベース管理者などの専門家が必要である．また，行政機関などにおいては，政策決定に欠かせない統計情報を専門に扱う部隊がいる．総務省統計局や（独）統計センターはその代表格であるし，各自治体も統計課などの部署を持っていることが多い．彼らは，「データの持つ力を解き放つ」ところまではやらないかもしれないが，データサイエンティストがデータサイエンティストとして活躍するために必須の資源である，計算環境とデータを提供する，という意味でデータサイエンティストを支える人々であるといえる．

第2章 データサイエンティストになるには

2.1 データサイエンティストに要求されるスキル

データサイエンティストに必要なスキルはどのようなものであろうか．前述のデータサイエンティスト協会のレポートにおいては，データサイエンティストのスキルを図2.1のように3つに分類している．

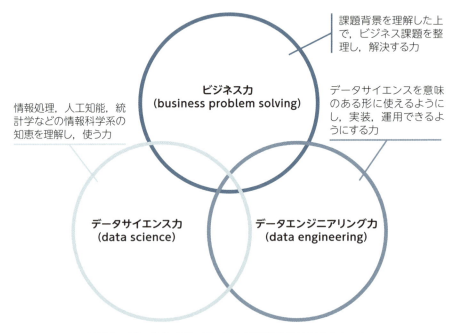

図2.1 データサイエンティストに求められるスキルセット
文献［5］をもとに作成．

ビジネス力とは,「課題の背景を理解した上で,ビジネス課題を整理し,解決する能力」である.データサイエンティストは,データの持つ力を解き放たなければならない.そのためにはビジネスを理解し,データをどのように価値創造につなげられるかを見通せる人材でなければならない.このレポートを作成したデータサイエンティスト協会スキル定義委員会の委員長安宅和人氏は,その著書『イシューからはじめよ』[4]の中で,ビジネス課題を整理することの重要性を強調している.データ分析においても同じで,「このデータ分析によって解きたいビジネス課題は何か」を常に意識していなければならない.コンサルティング系のデータサイエンティストが間違った依頼として指摘するよくある例は,「我が社にはこんなビッグデータがあるのだが,ここから何か面白いことができないか」というものだ.これはビジネス課題とはいえない.ビジネス課題とは「廃棄食品の削減」など具体的なものでなくてはならない.まずビジネス課題(イシュー)を明確にしておかないと,データ分析は必ず失敗する,と安宅氏は指摘している.

ビジネス力のもう1つの重要な側面は,**コミュニケーション能力**である.どんなに良いデータ分析結果が得られても,意思決定者が理解できなければ使ってもらえない.また,使ってもらえたとしてもデータ分析の結果は不確定要素が多く,うまくいかないときのリスクを正しく理解してもらえないこともある.ノーベル経済学賞を受賞したダニエル・カーネマンがその著書『ファスト&スロー』において,統計的な命題を理解するには人間は,直感に基づいて自動的な意思決定を可能にする「システム1」ではなく,意識的に努力して思考する「システム2」を使わなければならない,と述べている[5].その意味では,統計的なコミュニケーション能力は,データサイエンティスト側だけでなく,意思決定者にも必要な能力といえる.

データサイエンティストに求められるスキルセットの2つ目は,**データサイエンス力**である.これは,「統計学,情報処理,人工知能などデータ分析に必要な手法を理解し,使う能力」である.統計的仮説検定や回帰分析など伝統的な統計手法だけでなく,機械学習など人工知能の分野で新たに開発された手法などについても使えるようにしておかなければならない.また,それらを効率よく実装するためのアルゴリズムや,プログラミングモデルについても,理解と共に実践が大切である.特に,ビッグデータの分析のためには,並列計算などの計算機アーキテクチャやネットワークの構成など,計算資源の特質を熟知した上で実用的な実

装を行わなければならない．これらのテクノロジーは日進月歩であり，努力してフォローしていなければならない．

データサイエンティストに求められるスキルセットの3つ目は**データエンジニアリング力**である．「データサイエンスを意味のある形で使えるようにシステムを設計，実装，運用する能力」であり，ある意味これが一番むずかしい．ある程度以上の複雑なシステム構築の経験を繰り返して身につくスキルであり，体系的に学べる性質のものではないからである．

2.2 学習の方法

これからデータサイエンティストを目指す人は，これらのスキルをどのように身につけたらよいだろうか．データサイエンティストは，上記の3つのスキルセットをすべてまんべんなく身につけなければならないというものでもない．前出の安宅氏は，どれか得意分野があってよいが，それぞれのスキルセットについて最低限の知識・経験は持っていてほしい，と述べている．我々の経験からも，お互いにコミュニケーションのできる最低限の共通スキルを持った上で，ビジネス力の強い人，データサイエンス力の強い人，データエンジニアリング力の強い人をチームとして組み合わせて，組織能力としてデータ分析の力を発揮するというのが，多くの会社がやっていることのようである，といえる．

したがって，データサイエンティストを目指す1つの道は，どれかの分野を系統的に学び，残りの2つについては，書籍，オンライン教材，OJT（職場の実務を通して学ばせるトレーニング）などで学ぶというやり方である．

これら3つのスキルセットのどれにも共通していえることは，「座学だけでは身につかない」ということである．前出の大阪ガス河本氏は，データ分析をイノベーションにつなげるには，「現場力」が必要だと主張している[6]．ビジネスの課題を見つけるのも，分析結果を使ってもらうのも，現場に入り込んで，現場目線で見ることが必要だ，ということである．また，データ分析に興味のある学生やデータサイエンティストについて深く知りたい学生を対象としたインターンシップ・プログラムが多く実施されているが，参加した学生の多くから，データ分析は実際にデータに触ってみて初めてわかることが多い，という感想が寄せら

れているようだ．

　データサイエンティストを目指す人からよく質問されるのが，「データサイエンティストになるにはプログラミング能力は必須か?」ということである．結論からいえば，プログラミングは必ずしも得意でなくてもよいが，最低限のプログラミングはできるようにしておくべきである．理由は2つある．1つは，ビジネスプロセスからどのようにデータが生成され，またデータ分析の結果がどのように企業のITシステムとして実装されるのか，正しい感覚を持っている必要があるからだ．一定以上の複雑さを持つソフトウェアには必ずバグがある．だからITの品質については，過剰な期待をしてはならない．そのような感覚は，実際にプログラミングを行って，初めて身につくものなのである．

　最低限のプログラミング能力が必要なもう1つの理由は，前述のCRISP-DMにおけるデータ準備のプロセスでは，ほぼ間違いなくプログラミングを要求されることだ．モデリングにおいては，最近は良いツールがたくさんあり，それらのツールを用いればプログラミングの必要はほとんどない．しかし，データの準備においては，フォーマットの変換，欠損値の処理など，アドホックな処理が多く必要になり，プログラミングの出番となる．チームの中で分担して，データ準備のためのプログラム作成はプログラミングの得意な人に任せる，という考えもあるが，そのためには，処理の内容を打ち合わせるなど，多くのオーバーヘッドが生じる．データ準備は短いターンアラウンドの反復的なプロセスであり，そのためには，自身でプログラミングができる能力を身につけておいたほうがよい．

2.3　データ分析を理解するリテラシー

　データがビッグであるかどうかに関わらず，データ分析の原点にあるのが統計学の考え方だ．最近では，統計学に注目した書籍や，雑誌の特集記事なども多く見ることができる．「確率・統計」は数学の中でもわからなかったものの代名詞のように語られることが多い．だが，統計的なものの考え方というのは，必ずしも難しい数式を必要とするものではない．むしろ，「世の中には偶然というものがあるのだ．そしてそれは，思ったより多くあるのだ」ということに気づくことが大切である．

こんな問題を考えてみてほしい．あなたの会社がある健康食品を開発し，登録者に宅配サービスを始めた．これは大ヒット商品になって，最初の年に全国で120万人の登録者を得た．国民の100人に1人がこのサービスに登録したことになる．素晴らしい成功だ．マーケティング担当のあなたは，さらに売上を伸ばすため，この商品を買っているのは誰か，全国の1,800の市町村で調査を行った．その結果，人口1人あたり登録者が多い上位の市町村は，離島や寒村など，地方部が占めていることがわかった（表2.1）．長野県王滝村では，全国平均の倍近い登録率だ．あなたはどのように考えるだろうか．「地方ではお年寄りが多く，健康に対する関心が高い．そのためにこの健康食品が売れているのだ」という結論を出すだろうか．

データを眺めて，それをうまく説明するこのような因果関係を想定するのは，我々には馴染みのあることである．「地方にはお年寄りが多いから，健康食品の需要も高いのだ」という結論に飛びつくのは無理もない．だが，ちょっと待ってほしい．本当にそうだろうか？ もしあなたがもう少し慎重だったとしたら，結論を出す前に他の見方もしてみるだろう．例えば，このサービスの登録率が低い

表2.1　商品Ａの市町村別登録率上位５市町村

市町村	人口	登録数	登録率（%）
長野県王滝村	1,040	20	1.92
沖縄県渡名喜村	478	9	1.88
新潟県粟島浦村	377	7	1.86
北海道神恵内村	1,134	20	1.76
長野県北相木村	960	16	1.67
全国	127,055,025	1,273,212	1.00

表2.2　商品Ａの市町村別登録率下位５市町村

市町村	人口	登録数	登録率（%）
長野県清内路村	741	3	0.40
沖縄県粟国村	912	4	0.44
長野県南相木村	1,204	6	0.50
東京都青ケ島村	195	1	0.51
奈良県下北山村	1,295	7	0.54
全国	127,055,025	1,273,212	1.00

市町村はどのような市町村だろうか（表2.2）．登録率が低いのも，やはり地方の市町村であることに気がつくだろう．

いったい何が起きているのだろうか？　実は，これらのデータは，このサービスの登録率が1%であると仮定して，日本全国の1億2千万の住民の1人ひとりについて，コンピュータで乱数を発生させ，「この人は登録する」「この人は登録しない」というようにして，集計したものである．このような乱数に基づくシミュレーションを行うと，当然登録率の全体の平均は1%に近づくが，母集団が小さいとばらつきが大きくなる．したがって，人口が小さい自治体では，登録率が全国平均から大きく外れる可能性が出てくる．たまたま何人かが余計に登録したり，しなかったりする事象がランダムに発生し，このため，登録率が大きい自治体も，登録率が小さい自治体も，実は人口規模が小さい，地方の自治体になる可能性が高いのである．

ちなみに，人口規模が大きい自治体のデータはどうなるだろうか．同じランダムデータから，人口がトップ5位の自治体のものを見てみよう（表2.3）．それらは見事に，平均値である1%に近い．このように，サンプル数が多いと統計値は真の値に近づくことが知られている．

表2.3　人口の多い自治体における商品Aの登録率

市町村	人口	登録数	登録率（%）
東京23区	8,273,907	82,979	1.00
横浜市	3,544,104	35,291	1.00
大阪市	2,506,456	24,904	0.99
名古屋市	2,145,208	21,404	1.00
札幌市	1,869,180	19,001	1.02
全国	127,055,025	1,273,212	1.00

相関と因果の違い

統計数理研究所は，国立国語研究所と共同で，山形県鶴岡市において定期的に方言の調査を行っている[7]．東北地方の方言は，上代などの古い日本語の発音を残しているとされていて，これらの方言がどのような人によってどのような状況において利用されているかを調査し，またその経年変化を分析することは，日本

語の研究にとって極めて重要だと考えられている．この調査によってわかったことの1つに，「テレビを多く見る人は，方言の利用率が高い」という結果がある．テレビで使われるのは多くは標準語であり，テレビが標準語の普及に大きく貢献していることには疑いの余地がない．にもかかわらず，なぜテレビを多く見る人が方言をより使うのであろうか？

　理由は簡単で，テレビを多く見るのは高齢者だからである．そして高齢者は方言を使う率が高い．これは，相関が必ずしも因果関係を意味しない，という好例である．我々はしばしば，相関と因果をごっちゃにしてしまう．しかし，データを解釈する上では，この違いは決定的である．よく出される例が，「警察官の多い街には犯罪が多い」という相関である．これを「警察官が多いから犯罪が多い」という因果と捉える人はいないだろう．だが，「テレビと方言」の例では，より相関と因果の関係が間接的になり，理解が難しくなっているかもしれない．

　データを意思決定に用いるためには，相関がわかればよいのか，それともその裏にある因果関係を知らなければならないのかということは，よく考えてみる必要がある．もし因果関係を知る必要があるのであれば，それなりの手法を適用する必要がある（第12章で解説する）．

 正しい質問を考える

　しかし最終的に意思決定を行うのは経営者である．経営側にデータに基づく意思決定のリテラシーがなければ，ビッグデータも宝の持ち腐れになる[4]．MIT Sloan School of Managementのアンドリュー・マカフィーは，ビッグデータの時代における経営者に求められる資質は，正しい答えを考えることではなく，正しい質問をすることだ，と述べている[8]．本書は，経営者が必要なデータリテラシーを身につける上でも有用な情報を盛り込んだつもりである．

2.4 キャリアとしてのデータサイエンティスト

　これからデータサイエンティストを目指す人にとって，今後どのようなキャリアが考えられるだろうか．まず第1に考えられるのが，データ分析をサービスと

して提供するプロフェッショナルである．これが日本では現在一番注目されているデータサイエンティストのあり方であろう．著者の1人が所属するIBMや，アクセンチュアなど，コンサルティングサービスを他社に提供する場合もあるし，大阪ガスやリクルート・テクノロジー社などの場合は，社内他部署に対して，あるいはグループ内他企業に対してサービスを提供する．サービス提供者としてのデータサイエンティストには，特にビジネス力が求められるだろう．多様な顧客（社内・社外を問わず）に対応するために，広い視野を持っていることが必要である．

　第2に，マーケティング，開発，生産，流通など社内の各機能に埋め込まれた形のデータサイエンティスト，というキャリアがある．彼らはマーケティングならマーケティングという領域の深い知識を持ち，その領域での最適なビジネスを生み出すためにデータ分析の力を使っている．扱うデータは主に自部署が収集したり管理したりしているものであり，データ分析の結果を使うか使わないかの意思決定も自部門で下される．ここで重要なのは，データ分析そのもののデータサイエンス力と共に，データ分析の結果をどのように動くアルゴリズムとして実装し，システム化し，運用するか，というデータエンジニアリング力であろう．

　第3に，組織に所属しないフリーランスのデータサイエンティストというキャリアがある．データ分析は比較的個人の能力に依存することが大きいためか，フリーランスのデータサイエンティストも活躍している．コンテスト形式で予測モデルのクラウドソーシングを行うWebサイトkaggle.comには，情報科学，統計学，経済学，数学などの分野から全世界で30万人以上のデータサイエンティストが登録していて，多くの企業がビジネスに直結するデータ分析課題を投げかけている．例えば，GEが出したFlight Quest 2という課題は，気象状況や航空路の制約などの条件下で，最適な航空ルート，高度，速度を計算するもので，GEは総計50万ドルの賞金を用意したとされている．このようなフリーランスのデータサイエンティストにとっては，コンペティションに勝つために最新の機械学習アルゴリズムなどに精通している必要があり，その意味で，データサイエンス力が最も問われるだろう．

　どのようなキャリアを選んだとしても，一生データサイエンティストとして仕事をするかどうかはわからないだろう．将来経営者を目指すために，データサイエンティストをキャリアパスの1ステップと位置づける生き方もあるに違いな

い．繰り返し述べたように，データ分析はビジネスの意思決定に使われて初めて意味を持つ．そのためには，経営者がデータ分析のことをよく理解している必要がある．データサイエンティストであった人が経営者になれば，それは鬼に金棒であろう．今後は，経営幹部登用のキャリアパスとして，データサイエンティストを経験させるなどという人事施策が出てきても不思議ではない．

2.5 若いうちに何を学ぶべきか

　このように，データサイエンティストは魅力的なキャリアである．では，今の若い人がデータサイエンティストを目指す場合，何を学ぶべきだろうか．もちろん，前述の3つのスキルセットを，現場経験を交えながら身につけることが最も大切だ．しかし，それらのスキルは仕事を始めてからでもOJTを通して学ぶことができる．また，ビジネス環境はどんどん変化するし，情報技術や機械学習等の手法も日進月歩である．大学で学ぶ統計についても，実はビッグデータの時代に十分について行けず，古い知識となっていくものもあるだろう．

　むしろ，若いうちに身につけるべきとして勧めたいのは，若いうちにしか習得できなくて，かつ一生のキャリアの中で陳腐化しない知識，スキルである．そして，それは，例えば「数学・語学・リベラルアーツ」のようなものであろう．数学・語学はやはり若いうちに始めないとなかなか身につかない，といったのは，著者の1人が1983年にIBM社の研究所に入社した当時の所長だった小林久志氏である．

　数学は統計や機械学習，コンピュータプログラミングの基礎になる知識である．そして，データ分析を行う者にとっては，集合論，代数，解析，確率論など数学の基本的な概念を広く理解しておくことが重要である．著者の1人はもともと計算機科学分野の出身で，大学では自然言語処理の研究を行っていた．そのため，離散数学や形式言語理論は比較的よく理解していた．しかしその後，自然言語処理に統計的手法が取り入れられ始めると，確率論，解析，線形代数などの苦手な分野を再勉強するはめになった．現在の統計的モデリングや機械学習の手法は，あらゆる数学のテクニックを駆使して設計されている．これらを，概念的にだけでも理解するためには，数学の広い分野を素養として身につけておくことが

望まれる．

　語学がデータ分析のキャリアに必要だというのは奇異に感じるかもしれない．データサイエンティストに語学が必要な理由は2つある．1つは，データ分析に関する新しい手法，ツール，事例などの情報が，どんどん海外から入ってくることだ．新しいソフトウェアのインストール方法，利用方法は必ず（少なくとも1つの言語は）英語で書かれている．新たな手法に関する論文や著書もしかり，である．日本語訳が出るのを待っていたら，競争相手に勝つことができない．また，データサイエンティストとして仕事をしていくうちに，いつかは海外のお客様の仕事をすることもあるだろう．データ分析の仕事は言語や地域によらず，ネットワーク接続があればどこからでもできるグローバルな仕事であるといえる．そのためには，お客様と自由にコミュニケーションできる語学力が必要であり，それが2つめの理由である．

　データ分析とは要するに，集められたデータの裏にあるメカニズムが何であるか想像することである．そして，データが生成され，収集される背景には，常に人々の営みがある．だから，データ分析にはデータの裏にある社会の仕組み・人々の営みを理解できる想像力が欠かせない．そのためには，世の中の人々の営みに関する理解，すなわちリベラルアーツ（自由人としての教養）がなくてはならない．他人を理解することができて初めて，データを理解することができるのだと思う．

　一見，遠回りに見えるかもしれないが，40年，50年というキャリアを考えると，その重要性が理解できるのではないか．

第3章 データサイエンティストの育成

　前章では，データサイエンティストを目指す人についてのアドバイスを述べたが，この章では視点を変えて，大学や企業でデータサイエンティストをどのように育成したらよいかを考えてみよう．

3.1 カリキュラム

　データサイエンティスト育成のカリキュラムに関しては，前述の3つの領域をまんべんなくカバーする大学のコースは我が国においてはまだ少ない．1つの例は慶應義塾大学が行っている「スキルと実践を重視したビッグデータ人材育成プログラム」であり，データサイエンス力とデータエンジニアリング力について，PBL（課題解決型学習）による実践的な教育を含んだカリキュラムを策定している．

　データサイエンス力のうち，伝統的な統計分野に関しては，「統計学の各分野における教育課程編成上の参照基準」[9]が参考になる．また，この参照基準では大きく取り上げられていないが，データに基づくビジネス課題の多くが最適化問題として定式化されることもあり，様々な最適化手法についてもデータサイエンス力の主要なスキルとすべきであろう．

　また，データサイエンス力のもう1つの柱である情報学についても参照基準[10]があり，こちらも参考になる．この中で，特にジェネリック・スキルとされている「モデル化・形式化・抽象化を行う能力」については，統計分野における考え方と通じるところも，若干ニュアンスの異なる点もあり，これらの類似点・相違点を俯瞰した形で理解できると望ましい．さらに，大学・民間を問わず多くのデータサイエンティスト育成コースが開講されている．

3.2 実習・インターンシップ

データサイエンティストのスキルは座学だけでは身につかない．そのため，実習あるいはインターンシップなどを通して，実際のデータを分析してみる経験が必要である．インターンシップ・プログラムで学生が学ぶであろうことは，主に次のような点と考えられる．

- データ分析は予定通りにはいかない．期待していた結果が出ないことがほとんどであり，まったく予期しない結果が出ることもある．
- データ分析においては，データの準備のステップに大半の時間が取られる．
- チームで行う場合，それぞれのスキルを活かしたチームワークが大切である．

いずれも実習を通して初めて理解できることであり，こうした点の学びがあってこそ，インターンシップ・プログラムの効果が出たといえよう．

なお，企業によってインターンシップ期間の組み方は様々であり，3〜4週間でデータ分析からビジネス改善提案までを求めるものもあれば，1週間程度で特定の目的変数の最適化を求めるものもある．実習生にとってより効果があるのは，データ分析プロセスの全体像を把握できる前者のタイプであろう．

3.3 実習用のデータ

企業におけるOJTでは，実際のデータを利用してデータ分析の訓練を行うことになるが，大学等における実習では，データの入手が問題になる．慶應義塾大学の「スキルと実践を重視したビッグデータ人材育成プログラム」や，「分野・地域を越えた実践的情報教育協働ネットワーク」事業においても，教材用のデータ入手の困難さが指摘されている．個人情報保護意識の高まりのために，データ所有者がデータの流出に過敏になっていることと，データの重要性が認識されるにつれ，データのビジネス価値を保護したいという意図が，その背景にあると思われる．

一方，前出のシリコンバレーにおけるInsight Data Science Fellows Programでは，実習生は「データ・プロダクト」と呼ばれる実働するシステムを構築することが求められるが，ここで使われるデータはすべて，Web上で得られるデータである．例えば，ある実習生が作った"CouchTube.net"というサービスは，YouTubeにあるテレビドラマ映像の，どれが第何シーズンの第何話かを分析し，それをデータベース化して検索可能にするというものである．ここでは，TheTVDB.comというWebサイトで提供されている，テレビ番組に関するデータベースと，YouTubeから得られるそれぞれの映像のタイトル，長さ，説明，他ユーザーからの評価やコメントなどを総合的に分析している．このように，Web上から得られるデータだけでも，工夫によってはデータ分析の教材となる．

　政府・自治体等が公開しているオープンデータも，教育用の教材として使える．2014年に行われた第2回データビジネス創造コンテストでは，鯖江市[11]や流山市[12]などが提供しているオープンデータを利用した分析が行われた．日本の政府が公開しているオープンデータとしては，政府統計の総合窓口としてe-Stat[13]があり，各省庁の統計データ，例えば人口動態や家計調査，経済指標などがCSV形式でダウンロードできる．また，政府のオープンデータの窓口data.go.jp[14]からは，統計情報だけでなく，白書などの様々な文書も手に入れることができる．

　政府のオープンデータは基本的には統計データであり，いわゆる個票データ（個人，個々の世帯，あるいは個別の企業等に関するデータ）は含まれていない．（独）統計センターでは，高等教育・学術研究向けに匿名データの提供を行っていて，指定された環境の中で国勢調査（総務省統計局）等の匿名化された個票データ（「匿名データ」）を分析することもできる．より手軽には，同センターが提供している全国消費実態調査（総務省統計局）の擬似ミクロデータがあり[15][16]，およそ32,000世帯の197にわたる項目についてのデータを利用することができる．ある程度のサイズのあるデータであり，実習用としては役立つと思われる．

　事前にデータを指定した上で「このデータを分析してビジネス改善を提案しなさい」という実習を行うのは，分析手法の適用について学ぶのに役立つ．一方，実際のビジネス現場では，ビジネス課題が先にあり，それを解決するためのデータを自分で探してこなければならない．第2回ビジネスデータ創造コンテスト[17]で総合2位になったチームは，課題として与えられた鯖江市のオープンデータに加えて，自分たちの発案でインターネット上で手に入るデータ（Foursquareの

データ）を組み合わせることで，新しい価値の提供に成功した．実習では，「手に入るデータは何を使ってもよい」ということにすれば，問題解決の幅が大きく広がるといえよう．

3.4 ツールの利用

データ分析においては，以下をはじめとする様々なツールが使われる．

●**統計解析ツール**

　大学等で教育用の統計解析ツールとして最もよく使われるのがRである．Rは無料であり，また多くの統計分析アルゴリズムや，可視化ツールが実装されている．企業においては，商用のSAS, SPSS, MATLABなどが使われることが多い．また，いわゆる統計解析ツールではないが，エントリーレベルの教育や実務では，Excelが使われることもある．

●**データベース**

　企業のインターンシップで一番強く要求されるのが，データベース問い合せ言語，すなわちSQLに関する知識である．いわゆる「ビッグデータ」はSQLデータベースでは処理できない規模のデータ，とされることが多いが，実際に企業等で分析の対象となるデータの多くは，企業のデータウェアハウスにSQLテーブルとして格納されている．データベース管理システムとしては，無料のMySQLやPostgreSQL，商用のOracleなどがあるが，どれもアクセスはSQLなので大きな違いはない．また，SQLは，最初のデータの抽出に使われるのみで，その後はCSVファイルに落として前処理を行うことが多いようである．

●**プログラミング言語**

　Rでも簡単なプログラミングはできるが，主にインタラクティブに探索的な分析に用いられることを想定して設計されているために，予測モデルをビジネスプロセスに組み込んで自動化するような目的には向かない．また，分析も全データをメモリに読み込むことが前提なので，主記憶に入らないサイズのビッグデータの前処理には不適切である．このため，Javaなどの汎用言語，あるいはPythonなどのスクリプト言語の利用が欠かせない．

●並列分散ミドルウェア

　ビッグデータの分析にはHadoopやMahoutなどが必要だといわれる．しかし，実習で使われるデータセットについて，これらの分散ミドルウェアが必要になる場面はそれほど多くない．また，必要となったとしても，分析段階ではなく，特徴抽出など前処理の段階で使われるのが一般的である．分散ミドルウェアが効果を発揮するのはスケールする計算であるが，そのためには豊富な計算資源が必要であることもあり，実習に組み込むには慎重に行ったほうがよい．

●クラウドコンピューティング

　各大学が個別にITインフラを抱える非効率性への反省から，教育分野においてもクラウドコンピューティングを用いるのが一般的になりつつある．しかし一方で，使用時間によって課金される商用のクラウドコンピューティングサービスにおいては，特定の学生がクォータを使いきってしまうことがあって調整が難しい，という指摘もある．

　これらのツールすべてに習熟しなければならない，というわけではない．実習においても，また実際の企業のデータ分析においても，データ分析はチームで行うのが一般的であり，例えば，前処理を行う者，分析や可視化を行う者，システム構築を行う者などと作業を分担する．

　特にプログラミング言語やミドルウェアなどIT系のツールは栄枯盛衰が激しく，あるツールに習熟してもその知識はすぐに陳腐化してしまうおそれがある．また，就職先，あるいは客先で使われるツールは自分がよく知っているツールとは別のものである可能性もある．したがって，教育においては特定のツールへの習熟を深く求めることはせず，あくまでも使用体験を積むというのでよいと考えられる．

　ここまで，データサイエンティストとは何か，データ分析とはどのような仕事か，データサイエンティストになるにはどうしたらよいか，などデータサイエンティストを取り巻く環境について述べてきた．第2部では，実際にデータ分析に使われる様々な手法について概括する．

参考文献

［1］ T. H. Davenport , D. J. Patil: "Data scientist: The sexiest job of the 21st century," *Harvard Business Review*, October 2012, pp. 70-76, 2012.

［2］ Insight Data Science Fellows Program, Insight Data Science.［オンライン］. Available: http://insightdatascience.com/.［アクセス日：8 June 2015］.

［3］ 一般社団法人データサイエンティスト協会：データサイエンティストのミッション，スキルセット，定義，スキルレベルを発表，株式会社 PR TIMES, 10 December 2014.［オンライン］. Available: http://prtimes.jp/main/html/rd/p/000000005.000007312.html.［アクセス日：8 June 2015］.

［4］ 安宅和人：『イシューからはじめよ—知的生産の「シンプルな本質」』，東京：英治出版，2010.

［5］ D. Kahneman, : *Thinking, Fast and Slow*, New York, NY: Farrar Straus & Giroux, 2011.（村井章子 訳：『ファスト＆スロー』上・下，早川書房，2012.）

［6］ 河本薫：『会社を変える分析の力』，東京：講談社，2013.

［7］ 大学共同利用機関法人 人間文化研究機構　国立国語研究所 研究情報資料センター：鶴岡調査.［オンライン］. Available: http://www2.ninjal.ac.jp/keinen/turuoka/.［アクセス日：8 June 2015］.

［8］ A. McAfee: Big data: The management revolution, *Harvard Business Review*, October 2012, pp. 59-68, 2012.

［9］ 統計関連学会連合 理事会・統計関連学会連合 統計教育推進委員会：統計学分野の教育課程編成上の参照基準（第2版），20 August 2010.［オンライン］. Available: http://www.jfssa.jp/ReferenceStandard.pdf.［アクセス日：8 June 2015］.

［10］ 萩谷昌己：情報学を定義する—情報学分野の参照基準，情報処理学会，July 2014.［オンライン］. Available: https://www.ipsj.or.jp/magazine/9faeag000000hkfv-att/5507-kai.pdf.［アクセス日：8 June 2015］.

［11］ 鯖江市：DATA CITY Sabae.［オンライン］. Available: http://data.city.sabae.lg.jp/.［アクセス日：8 June 2015］.

［12］ 流山市：流山市オープンデータトライアル.［オンライン］. Available: http://www.city.nagareyama.chiba.jp/10763/.［アクセス日：8 June 2015］.

［13］ 総務省　統計局：政府統計の総合窓口（e-Stat），2008.［オンライン］. Available: https://www.e-stat.go.jp/SG1/estat/eStatTopPortal.do.［アクセス日：30 June 2015］.

［14］ 内閣官房情報通信技術（IT）総合戦略室・総務省行政管理局：データカタログサイト（data.go.jp），2014.［オンライン］. Available: http://www.data.go.jp/.［アクセス日：30 June 2015］.

［15］ 独立行政法人 統計センター：公的統計のミクロデータ利用.［オンライン］. Available: http://www.nstac.go.jp/services/archives.html.［アクセス日：8 June 2015］.

［16］独立行政法人　統計センター：擬似ミクロデータの利用．［オンライン］．Available: http://www.nstac.go.jp/services/giji-microdata.html．［アクセス日：8 June 2015］．

［17］第2回ビジネスデータ創造コンテスト．［オンライン］．Available: http://dmc-lab.sfc.keio.ac.jp/dig/．［アクセス日：8 June 2015］．

データ分析の手法

第2部

　第2部では，データサイエンティストが知っておくべきデータ分析の手法について俯瞰的に解説する．世の中には数多くのデータ分析手法があり，データサイエンティストがそれぞれにすべてについて精通しておかなければならないかというと，必ずしもそうではない．しかし，それらの位置づけを知っておき，いざとなれば，最適な手法を選び出し，その手法に慣れていなくてもためらわずに適用できるようになっていなければ，プロのデータサイエンティストとはいえない．

　この第2部では，各手法の位置づけと概要を述べる．データ分析の手法について「知っている」というのは大きく分けて3つのレベルがある．(1)手法の位置づけと概要を知っているレベル，(2) Rなどのツールを利用してその手法を利用した経験のあるレベル，(3)手法のアルゴリズムや数式に精通し，それらを問題に応じて改変できるレベル，である．本書では，(1)の位置づけを知ること，に焦点をあてる．(2)のツールの利用については，それぞれのツールのマニュアルに詳しい説明があり，また多くのハウツー本が出ている．また，(3)の数式やアルゴリズムについて知るためには，それぞれの手法の解説に適切な参考文献をつけてあるので参照してほしい．

第4章
データ分析の局面

4.1 データ分析の目的

　データサイエンティストがデータ分析を行うのは，ビジネス（業務）において意思決定を行いたいからである．面白そうだから，データがそこにあるから，あるいは論文を書きたいから，などの理由からではない．ここでいう「ビジネス」は広い意味であり，非営利的な業務，例えば行政における意思決定も，データ分析の目的となりうる．

　では，どういうデータ分析を行えば，意思決定ができるのだろうか．シンシナティ大学のジェームズ・エバンスは，データ分析の目的を，説明的（Descriptive），予測的（Predictive），指示的（Prescriptive）の3つに分類している（表4.1）[1]．

　説明的（発見的）データ分析とは，「何が起きたか」を知ることである．あなたの会社で，今年のクリスマスシーズンの売上が急に落ちた．何が起きたのだろうか．経済が悪化したのだろうか．自社の製品・サービスの品質がネット上で問題になっているのだろうか．生産・流通に問題があって一時的に在庫が不足したのだろうか．それとも，競合他社が新製品を投入したのだろうか．このような場合，

表4.1　データ分析の3局面

局面	どのような場合？	主な手法
説明的データ分析	何が起きたか知りたい	可視化（第5章），アソシエーション分析（第6章），クラスタリング（第7章）,
予測的データ分析	何が起きるか知りたい	分類・回帰（第8章），統計的機械学習（第9章），時系列解析（第10章）
指示的データ分析	何をすればベストか知りたい	最適化（第11章），実験計画（第12章）

「何が起きたのか」がわかれば，それなりの手を打てる，つまり意思決定できるだろう．説明的データ分析は多くの場合，探索的である．すなわち，なぜ，どのようにして，何が起きたのかを知ることは，一本道ではない．データをあちこちから眺めたり，仮説を立ててみたりして，試行錯誤する必要がある．説明的データ分析によく使われる手法として，データの可視化（第5章）やアソシエーション分析（第6章），クラスタリング（第7章）などがある．

予測的データ分析とは，「何が起きるか」を知ることである．今年のクリスマスシーズンの売上はどのくらいになるだろうか．クリスマス前の休日に，セールを行えば売上が上がるだろうか．上がるとすれば，どれくらいだろうか．予測をするためには，モデルが必要となる．ここでいうモデルとは，どういう入力に対してどういう出力が得られるか，という数理的なモデルである．例えば季節ごとの売上を予測するモデルを作れば，それに必要なパラメタを入力すれば売上予測ができることになる．これによって，売上を上げるには何をすればよいか，という意思決定の根拠にすることができるだろう．

予測モデルはまた，未来の予測だけでなく，すでに起きてしまったが観測が得られなかった事象に対しても適用することができる．例えば，製品の故障予測モデルがあれば，現在市場に出ていてまだ報告されていない故障がどのくらいあるか，を知ることができる．予測的データ分析によく使われる手法には，分類・回帰（第8章），機械学習（第9章）などがある．また，時系列データに関しては特に，時系列解析（第10章）が有効である．

指示的データ分析とは，「何をすればベストか」を知ることである．簡単な予測モデルであれば，どのような打ち手をとればよいか意思決定できるだろうが，もし可能な打ち手が数多くあったらどうだろうか．クリスマス前の広告は，ネット，TV，新聞など様々な媒体に対して，どの媒体にどのくらい出せばよいのだろうか．その組合せは無数にあり，その中から最適な組合せを見つけなければならない．これが指示的データ分析である．指示的データ分析によく使われる手法には，最適化（第11章）や，A/Bテスティングやタグチ・メソッドなどで知られる実験計画（第12章）がある．

データ分析を行う際に，自分が解こうとしている問題が，データ分析のどの局面なのかを認識しておくことが重要である．局面によって，適用される手法が異なるからである．では，どのように局面を認識すればよいだろうか．それには「何

がわかれば意思決定ができるのか」を，常に問い続ける必要がある．

　もちろん，実際のデータ分析においては，これらの3つの局面が組み合わされたり，入れ子になったりして現れる．説明的データ分析において得られた仮説に対して，予測モデルを作り，それがうまくいくと今度はそのモデルにおいて最適化する，などということがあり得るからである．例えば「なぜ売上が落ちたか」という説明的分析の結果，「消費者が自社製品をよく知らなかったから」という仮説を得たとする．この仮説に対して今度は予測的データ分析を行い，「媒体Xに，広告をY回打てば，売上がZ％伸びる」などの個別の予測モデルを立てる．それらの予測モデルと，それぞれのコストから，最適化（指示的データ分析）を行う，というようなシナリオが考えられる．

4.2 目的変数と説明変数

　データ分析においては，説明変数と目的変数という概念が用いられる．**目的変数**とは，売上など最終的に興味を持つ変数であり，多くの場合KPI（主要業績指標）またはKPIに直結するものである．**説明変数**とは，目的変数に関連のある変数であり，目的変数を予測したり求めたりするのに使われる．モデルにおいては，説明変数が入力であり，目的変数が出力である．データ分析におけるモデリングとは，説明変数や目的変数を観測することによって，モデルの中で何が起きているか，その機序を解明することである（図4.1）．

　説明変数や目的変数が数値を取る場合，**量的変数**と呼ばれる．一方，顧客の性別（男性か女性か）のように数値化できない変数は**カテゴリカル変数（質的変数）**と呼ばれる．さらにカテゴリカル変数には，アンケート調査で用いられる評価（とても良い，良い，普通，悪い，とても悪い）のように順序に意味があるもの（**順序尺度**（ordinal scale）と呼ばれる）と，性別のように順序に意味がないもの（**名義尺度**（nominal scale）と呼ばれる）とがある．また，特に機械学習に使われるデータには，テキスト，画像，音声などいわゆる「非構造化データ」もあり得る．これらは，第9章で述べるように構造化データに変換して分析される．

　ビジネスにおけるデータ分析においては，目的変数をまず明確にする必要がある（目的変数は必ずしも1つとは限らない）．その上で，適切な説明変数を探す必

4.2 目的変数と説明変数

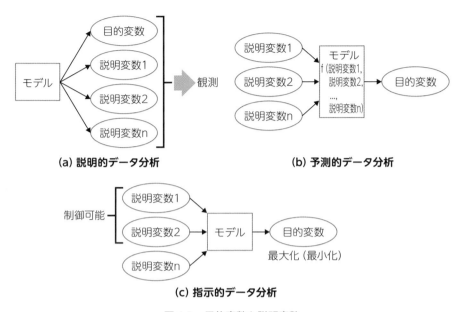

図4.1 目的変数と説明変数
(a) 説明的データ分析においては，説明変数・目的変数を特別に区別せず，その実現値を観測することで，それらのデータが生成されるメカニズムを推測する．(b) 予測的データ分析においては，説明変数から目的変数を得る関数を推測する．(c) 指示的データ分析においては，説明変数のうち制御可能なものの値を動かして，目的変数を最大化（最小化）する．

要がある．ある製品の売上に影響するパラメタは何だろうか．その製品の機能，品質，価格，消費者の選好，広告の有無，競合製品の仕様・価格など，多くの説明変数が考えられるだろう．説明的データ分析の1つの目的は，多くの説明変数の可能性の中から，目的変数を説明しやすい説明変数を見つけることにある．

説明変数を探す際に気をつけたいことの1つは，与えられたデータの中だけに限定しないで探すことである．データサイエンティストが受ける依頼として「このデータを分析してください」という形のものも多いだろうが，説明変数を与えられたデータの中だけで説明変数を指すのはいかにももったいない．良い説明変数をみすみす見逃すことになるかもしれないからである．現在のIT社会においては，多くのデータが手に入る．特に，人口動態や経済指標など行政機関が提供するデータは品質も高く，また使途の制約も緩い．また，欲しい説明変数のデー

タが直接得られなかったとしても，その説明変数を目的変数として他の説明変数から説明できることもある．

電子計算機が普及する前に開発された伝統的な統計的手法，例えば回帰分析などは，厳選された少数の説明変数に対してのモデルに対してうまく働く．一方，最近の機械学習のアルゴリズムには，計算機のパワーを活用して，何十万という説明変数がある世界でのモデルを扱うことができるものもある．

指示的なデータ分析を行う際には，説明変数に，制御可能なものと制御不能なものがあることに気をつけたい．広告を打つかどうかは制御可能な変数であるが，競合製品の価格は制御不能である．良い説明変数とは，目的変数を説明する力が大きく，なおかつ制御可能なものである．そういうことも意識しながら説明変数を探すとよい．

次章からは，個別のデータ分析手法を俯瞰する．最初の3つの手法は，主に説明的（発見的）データ分析に使われる手法である．まず第5章でデータの準備と可視化について紹介する．第6章では，データマイニングの典型的な例であるアソシエーション分析について考える．第7章では，与えられたデータを似たもの同士にグループ分けする，クラスタリングについて述べる．

第5章
データの準備と可視化[2]

　最初の手法は，データの概要を知るための重要な手法，可視化である．データサイエンティストがデータを受け取ったならば，まず行うのが，データの概要の把握である．そのデータは，本当に額面通りの内容のデータだろうか．そこには欠測値や，明らかにエラーと思われるデータはないだろうか．

5.1 データの概要を知る

　データには必ず未知の事実が含まれている．有用な知見が得られたときには，それはデータサイエンティストにとって嬉しい驚きだが，嬉しくない驚きもある．ビッグデータが注目されるに従って，今まで収集はされていたもののほとんど解析されたことのないデータの解析を依頼されることも多くなった．「2004年から2013年までの，都内各店舗の全POS[1]データです」というデータを受け取ったとしよう．しかし，本当にそうだろうか．過去に収集されたデータは，どのような条件下で収集されたのか，想像するしかないものもある．だから，まずやってみるのはデータの概要を知ることである．

　この章以降，データは図5.1のように表の形で整理されているものと仮定する．これを定型データと呼ぶ（定型でない，テキストや画像などの非定型データについては第9章で扱う）．データとはレコードの集合である．各レコードは，それぞれの変数（説明変数・目的変数）の**実現値**（observation，観測された値）の直積である．「データ」という言葉は，文脈によって個々のレコードを指したり，データ全体を指したりすることがあるが，本書では一貫して，データ全体（定型データにおいてはレコードの集合）を**データ**（data）と呼び，個別の行は区別して**レコード**（record）と呼ぶことにする．

　データの概要を知るのに，最初から高度な解析手法を適用する必要はない．最

---

[1] Point of Saleの略で，小売店のレジで行われる活動を指す．POSデータとは，レジに打ち込まれるデータと思えばよい．

第5章 データの準備と可視化

図5.1 定型データ

データ項目（変数）／レコード／データ

	log_Youto037	log_Youto038	log_Youto079	log_Youto084	log_Youto089
1	11.7401	10.29205	7.683679	9.767335	8.171654
2	12.45167	10.15841	0	9.829281	8.667475
3	12.07438	10.55266	0	9.761596	8.721343
4	12.10673	11.21249	0	9.80553	7.830016
5	11.73184	10.41205	5.800841	9.882998	7.693354
6	11.88943	10.75777	0	9.513624	8.171627
7	12.67331	11.63672	5.577101	9.851294	9.351009
8	12.44385	11.11624	5.836038	9.946758	9.096293
9	12.37349	11.02077	4.025706	10.02752	9.044219
10	11.83004	10.20548	9.133135	9.401225	9.76243
11	12.4427	10.76229	0	9.907316	9.753372
12	12.35511	10.864	0	9.549844	9.553995
13	12.27626	10.91367	0	9.708454	9.270509
14	12.36373	11.22516	0	9.469784	8.718214
15	12.53693	11.27615	4.715731	9.812086	9.451723
16	12.19188	11.19699	0	9.42793	9.122901
17	11.68601	10.79595	6.015046	9.735463	8.149867
18	11.779	10.77477	0	9.462258	8.903197
19	11.90477	10.82534	5.736469	0	8.561313
20	11.92487	10.78502	0	9.712181	7.072088

初は，まず簡単な統計量から調べてみよう．そもそもデータは何レコードあるのだろうか．それぞれのデータ項目は何だろうか．1レコードあたり，平均何バイトだろうか．1日あたり平均何レコードだろうか．各レコードの各データ項目には仕様通りの値が入っているだろうか．顧客番号として6桁の数が入っているべきところへ，−1が入っているなどということはよくあることである（ソフトウェアのテストに使われたデータがログに残っていた，など）．調べてみるべき基本統計量の例を表5.1に示す．

まずやることは，全体のデータサイズとレコード数を把握することである．もし，データがCSVファイルで与えられているのであれば，全体のデータサイズはファイルサイズでわかるし，レコード数は，Linuxであれば，wcというコマンド

表5.1 データの概要を知るための基本統計量

データ全体に対して		データサイズ レコード数
各データ項目に対して	量的なデータの場合	データの最大値・最小値 データの平均値・中央値 データの分散，上位・下位四分位数
	質的なデータの場合	データのカテゴリ数

でカウントすることができる．データサイズが1GB程度までなら，基本統計量はデータ全体に対して計算できるだろう．データサイズが10MB程度までならば，Excelに読み込むこともできる．逆に，データサイズが1GBを大きく超えるようであれば，まずはデータをランダムサンプリングして，手に負える大きさ（例えば100MB以下）にしてから基本統計量を求めることを勧める．ランダムサンプリングは，レコード毎に一様乱数を発生させて，取りたい割合に合わせてそのレコードをサンプリングすればよい（もし，サンプリング・レートが0.1ならば，$[0,1]$の乱数が0.1以下の場合にサンプリング）．

ところで，データのレコード数は期待通りだっただろうか．もし，1日1レコードが記録されているはずのデータ3年分が1,000レコードに満たなかったら，きっとどこかに欠損レコードがある．これもデータ全体の概要を知るための重要な手がかりである．

次に，各データ項目に対して，それがどのような性質を持っているかを見てみよう．量的なデータ項目に関しては，まずはそのデータ項目に現れる最大値・最小値を調べてみよう．これによって，データの欠測値の有無がわかることがある．質的なデータ項目に関しては，その値が何カテゴリあるか調べてみよう．本来5カテゴリに分類されているはずのデータ項目が6種類の値を持つのであれば，きっと6番目のカテゴリは欠測値を示すものだろう．

データ項目に対する平均値と中央値を比べることによって，データの分布に関する手がかりを得ることができる．平均値と中央値が近いのであれば，このデータは平均値を中心に左右対称に分布している可能性がある．もし平均値と中央値が大幅に異なるのであれば，ゆがんだ分布をしているのだろう．分散や，上位・下位四分位数は，データのばらつきについての示唆を与えてくれる．

データを理解する上で，データがどのような状況で収集されたかを想像してみることも重要である．できれば，データが収集される現場を見せてもらうとよい．工場の生産機械のセンサデータならば，その機械を，また小売店のPOSデータならば，レジを打っている現場を，などである．現場を見ておくと，なぜそのデータが出てきたのか，について想像を巡らせることができる．また，データの解釈の上で，現実には起きているが，データとして現れない事象の数（犯罪統計などでは**暗数**（dark number）と呼ばれる）についても，その可能性を考えておく必要がある．

5.2 データの可視化

単変数の視覚化

　基本統計量の次には，変数毎に，データを可視化するとよい．ヒストグラム，箱ひげ図，折れ線グラフなどはいずれも，データの全体的な傾向を把握するのに役立つ．ヒストグラムの中で，多くの実現値は釣鐘状の分布を示しているのに，特定の実現値だけ飛び抜けた値を取っているものは，**外れ値**（outlier）である可能性を疑ってみる必要がある．

　明らかに外れ値である実現値については，そのレコード全体を捨てるか，あるいはその外れ値を適切な値（例えばその変数の標本平均）で置き換える必要がある．ただし，どちらの処置にしても，データに偏りが生じることは避けられないので，注意を要する．データの概要を調査している段階で，明らかに入力ミスだと思われる値は，その場で修正したくなるかもしれない．だが，安易にデータを修正してはならない．データサイエンティストは，そのデータが生成された現場を見ていたわけではない．明らかに入力ミスや外れ値と思っても，現場の入力者はマニュアルにない状況を記録するためにあえて外れ値を入れたのかもしれないし，センサは確かに異常事態を検出していたのかもしれない．このように，データ分析の前にデータをきれいにする，いわゆる**クレンジング**は大事なステップだが，どのような理由でどのような修正を加えたかについては，後で結果を再現できるよう，必ず記録を取っておく必要がある．

　データを可視化してみて，分布が偏っている場合には，適切な**変数変換**を行うと見通しが良くなることがある[3]．例えば収入など，正の値を取る変数が，多くの小さな値とわずかな極めて大きな値をとっている場合，対数変換[2]してみるのはひとつの手である（図5.2）．その他にも，変数の型や分布の性質によって，様々な変数変換の方法が提案されている（表5.2）．

　もし，データが1山でなくて，2山になっている場合は，2つの異なるシステムから出てきたデータが混合されているものかもしれない（図5.3）．

2　より一般的には，Box-Cox変換（Box-Cox transformation）を使うことで，分布を正規分布に近づけることができる．Box-Cox変換はそのパラメタ λ の値によって，対数変換を含む様々な変換を表現できる．

5.2 データの可視化

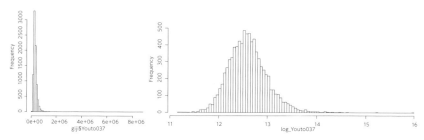

図5.2 対数変換の利用
全国消費実態調査擬似ミクロデータにおける消費支出．左は元データのヒストグラム，右側は対数変換したヒストグラム．

表5.2 変数の変換方法

変数変換の手法	元の変数	変換後の変数
数量化	カテゴリカル変数	量的変数
ロジスティック変換	カテゴリカル変数	（カテゴリに入る確率を与える）量的変数
Box-Cox変換	（偏りのある）量的変数	（正規分布に近い）量的変数
量子化	量的変数	カテゴリカル変数

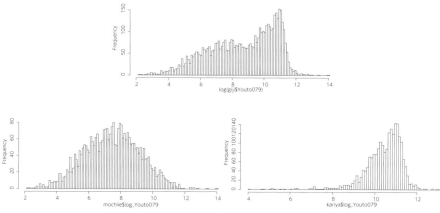

図5.3 複数の異なるシステムからの混合データ
全国消費実態調査擬似ミクロデータにおける住居費（対数変換済み）．上は全データのヒストグラム，下左側は持ち家のデータのみ，下右はそれ以外のデータ．

複数変数間の可視化

単独の変数それぞれの可視化が終わったら，次に，興味のある目的変数の動きに対して，どのような説明変数の動きで説明できるのか，知りたくなってくるだろう．このためには，複数の変数の間の関係を知ることが重要である．カテゴリカル変数どうしの関係は，**クロス集計**（cross tabulation）によって表すことができる（表5.3）．量的変数どうしの関係は**散布図**（scatter diagram）を描くとわかりやすい（図5.4）．カテゴリカル変数と量的変数との関係を見るには，**箱ひげ図**

表5.3 クロス集計表の例

全国消費実態調査擬似ミクロデータにおける世帯主の性別（カテゴリカル変数1）と住居の所有関係（カテゴリカル変数2）の関係．絶対数で見ると女性の世帯主が圧倒的に少ないが，割合で見ると，世帯主が女性の場合の162/246＝65.9％に対して，男性の場合には5,915/8,086＝73.2％と，女性のほうが若干高いことがみてとれる．

		世帯主性別		合計
		女	男	
住居の所有関係	持ち家	162	5,915	6,077
	賃貸	42	1,926	1,968
	不詳	42	245	287
合計		246	8,086	8,332

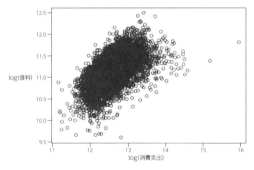

図5.4 散布図の例

全国消費実態調査擬似ミクロデータにおける消費支出と食料支出の関係（どちらも対数変換済み）．1つの○が1つのレコードを表している．消費支出と食料支出には，正の相関がありそうだということがみてとれる．

(box plot) を描いてみるとよい (図5.5).

量的変数どうしを散布図上にプロットしたときに，それらの間にどれだけ直線的な関係があるかを定量的に示すのが，相関係数である．もし，プロットが右上がりあるいは右下がりになっていたら，線形の関係を疑ってみるとよい．相関係数 r が正のときには正の相関，負のときには負の相関がある．ただし，$r=0$ であったとしても，2つの変数間に関係がないとは限らない．例えば $y=x^2$ のような関係を持つ変数 x, y の間で，$x=(-1,1)$ の区間の相関を見ると，相関係数は $r=0$ だが，明らかに x と y の間に従属関係がある．このように，相関係数の値だけではなく，グラフにプロットして眺めてみることが大切である．

多くの変数があり，それらの間にどういう相関があるかわからない場合，ひとまずすべての変数の組について，相関をプロットして眺めてみる，というのも1つの手である．データ分析用のツールには，このような機能を用意してあるものもある．図5.6は，全国消費実態調査擬似ミクロデータの11の量的変数に関して，それらのすべてのペアについて散布図をプロットしたものである．

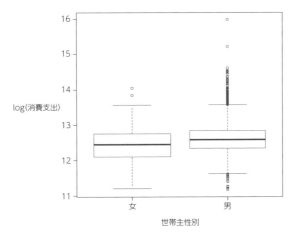

図5.5　箱ひげ図 (box plot) の例

ここでは，横軸は世帯主の性別 (カテゴリカル変数)，縦軸は対数消費支出 (量的変数) である．箱の中の太い線が量的変数の中央値，箱が上下の四分位数を示す．つまり，値の半数がこの箱の中に入っていることになる．点線の先にある線が最大値・最小値であり，その先の○は外れ値とみなせる可能性を示す．男性が世帯主である家庭のほうがやや消費支出が大きく，またそのばらつきは女性が世帯主である家庭に比べてやや小さいことがわかる．

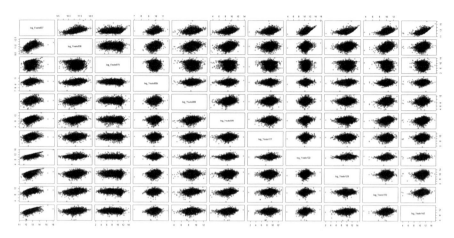

図5.6　すべての2変数間の組合せの散布図の一覧
11の変数が行方向と列方向に並べられている．同じ変数どうしの散布図は意味がないので，対角線上には散布図はない．

　静的なグラフの作成にしろ，動的なグラフィックスにしろ，データサイエンティストは可視化のツールを使いこなしている必要がある．SASやSPSSなど有料ツールでもよいし，Rのようなフリーソフトでもよい．自分が慣れ親しんだツールでよいので，とにかくデータをあちこちの視点から眺め，探索してみることが重要である．

　データサイエンティストのようなデータ分析のプロでなくても，最新のデータをあちこちの視点から眺め，探索できるようにするのが，BI（Business Intelligence）の手法である．POSデータを使った小売りチェーンの売上分析を1つの例として考える．POSデータはレジ精算の際に，商品のバーコードを読み取るときに生成される．データは直ちにセンターに送られ，日次での分析やレポート作成に使われる．日次レポートには，店舗別の総売上，地域レベルで集計した売上，商品の最小管理単位（SKU）別の売上などが含まれる．週次レポートには，前週との比較や前年同週との比較などが含まれる．BIの手法を使うと，地域軸，製品軸，時間軸などでデータを展開したり集計したりできる．

　展開・集計のレスポンスを速くするために，BIの手法では，例えば**多次元キューブ**（図5.7）と呼ぶデータ構造でデータを持つなどの工夫をしている．店

舗の地域統括マネージャーは，クリスマスシーズン出だしの売上が昨年ほど伸びないとすると，その原因を知りたくなるはずである．特定の商品の売行きが落ち込んでいるのか，特定の地域に問題があるのかという視点から，製品軸や地域軸を使って探索することで，問題の原因が見えてくる．売上が伸びない原因がわかれば，店舗内の商品配置を見直したり，商品仕入れの量を調節するなどの指示ができるだろう．

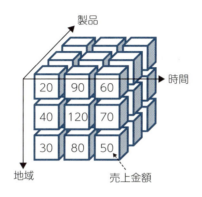

図5.7　多次元キューブ

第6章

アソシエーション分析

6.1 POSデータからのパターン発見

　変数の数が数個からせいぜい10個程度であれば，視覚化することによって，それらの関係を少し見通すことができる．だが，変数がもっと多かったらどうだろうか？　例えば，典型的なPOSデータは表6.1のようなデータとして表現できる．各レコードは1つのトランザクション，すなわち1枚のレシートに対応し，データ項目は各商品について，その商品がそのトランザクションで売れたかどうかを記述している（0＝売れなかった，1＝売れた）．

表6.1　POSデータの例

ID	Date	商品A	商品B	…
000001	2/13/2015 10：03	0	1	
000002	2/13/2015 10：13	1	0	
000003	2/13/2015 10：14	0	0	
…	…	…	…	

　このデータから知りたいことの1つは，どの商品とどの商品が一緒に購入されているか，ということだ．各商品の組合せに対して，散布図あるいはクロス集計表を描いてみる，というのは1つの手だが，問題は商品点数が非常に大きいことである．典型的なコンビニでは，扱う商品が2,000〜3,000点にもなるという．つまり説明変数の数がこれだけある，ということだ．これらの組合せすべてに対して散布図あるいはクロス集計表を作るのは現実的ではない．

6.2 信頼度と支持度

アソシエーション分析で有名になった「ビールとオムツ」の例で考えてみよう．あるスーパーマーケットで1万件のトランザクションについて，「オムツを買う」という変数と「ビールを買う」という変数についてクロス集計表を作ったとする．それは例えば表6.2のようになっていたとしよう．すなわち，1万件のうちの1%がオムツを購入しているし，また同じ1万件のうち，10%がビールを購入している．

よく見ると，オムツを買った100人のうち，60人がビールを買っている．これはおそらく，妻に「オムツを買ってきて」といわれた若い父親が，スーパーマーケットへ行ったついでにビールを買うことが多い，ということなのであろう．**アソシエーション分析**（association analysis）はこのような場合に，

「オムツを買う」ならば，高い確率で「ビールを買う」

というルールを自動的に求めることを目的とする手法である．この「高い確率で」のことをアソシエーション分析では**信頼度**（confidence）[3]と呼ぶ．今の場合，オムツを買う人の60%がビールを買うので信頼度は0.6である．

一方，1万件のトランザクションの中でオムツを買ったものが10件しかなかったとすれば，その人たちがビールを買ったのは偶然だったのかもしれないので，証拠としてはあまり役に立たない可能性がある．ルールの左辺（条件部）に現れるパターンがデータの中にどのくらいの割合で現れるか，を**支持度**（support）と呼ぶ．表6.2の場合，支持度は1%である．支持度はまた，このルールを将来のマーケティングに使いたいときに，どのくらいの割合で適用可能かを示唆する．支持度が1%であれば，1%のトランザクションについて，ルールが適用可能である．

表6.2 ビールとオムツの例

	ビールを買う	ビールを買わない	合計
オムツを買う	60	40	100
オムツを買わない	940	8,960	9,900
合計	1,000	9,000	10,000

---

[3] 確信度と呼ばれることもある．

アソシエーション分析は，与えられたデータに対して，支持度と信頼度がそれぞれ一定以上のルールを自動的に見つけてきてくれる．例えば，支持度 > 0.1%，信頼度 > 10%のような値を入れる．このパラメタの設定いかんによって，非常に多くの（何万もの）ルールが得られたり，まったくルールが見つからなかったりする．したがって，アソシエーション分析を行う際には，パラメタをいろいろ動かしながら試行錯誤してみる必要がある．

見つかるルールのうちの多くは，「ベーキングパウダーを買う人は小麦粉を買うことが多い」のように，比較的自明なものになる．「オムツを買う人はビールを買うことが多い」のような，新たな知見を与えてくれるようなルールを見つけるには，自動生成された大量のルールの中から，目視で役に立つルールを選ぶ作業が欠かせない．

6.3 ルールを選ぶ指標

良いルールを選ぶ指標はいろいろ提案されているが，そのうちの1つは**リフト**（lift）と呼ばれるものである．先ほどの表6.2を見てみよう．この表が示していることの1つは，このスーパーマーケットでは，10人に1人がビールを買っている，ということである．ただし，この人がオムツを買った，という情報がわかっているとすれば，ビールを買う確率は10人に6人，つまり6倍にはね上がる．この値をリフト（lift）と呼ぶ．「ビールの販促」という観点から見ると，リフト値の高いルールは，より有用なルールということができる．

アソシエーション分析では，各変数の値が0か1の2値であることを仮定している．もし，それ以外の形の変数がある場合には，アソシエーション分析にかける前に，変数を2値に変換する必要がある．購入時刻がいつか，をアソシエーション分析の変数として扱うためには，それを例えば午前，午後，深夜のように分けて，データを準備すればよい（表6.3）．

アソシエーション分析は，基本的には簡単な集計作業であるが，変数の数が多いために計算はかなり重くなる．2変数の間のルールは変数の数の2乗のオーダーだが，3変数以上になればオーダーはどんどん上がっていくので，単純なアルゴリズムでは破綻する．そのため，信頼度と支持度の条件を満たす変数の組合

せを効率よく見つけるアルゴリズムが使われている[4].

表6.3　アソシエーション分析における量的変数の分割
ここでは，購入時刻を午前・午後・深夜に分けて2値化している．

午前	午後	深夜	商品A	商品B	…
1	0	0	0	1	
1	0	0	1	0	
0	1	0	0	0	
0	0	1	1	0	
…	…		…	…	

---

[4] R言語ではaruleというパッケージがあり，ここにアソシエーション分析が実装されている．簡単な例題データも含まれている．
http://cran.r-project.org/web/packages/arules/index.html

第7章

クラスタリング[4]

7.1 レコード間の類似

　クロス集計表や散布図を描いて，あるいはアソシエーション分析を行って，明らかな変数間の関連を発見できれば大当たりだが，なかなかそうはいかない．各データ項目は複雑に絡み合っていて，全体像がつかみにくいからである．それでも，意味のあるデータは全くランダムではなく，何かそこに構造を持っている．変数間の関連に注目するのではなく，レコード間の類似度に注目してデータの構造の手がかりを探る探索的な方法が，クラスタリングである．クラスタリングはその名の通り，グループ（クラスタ）内レコード同士は似ており，グループ（クラスタ）間レコードは似ていないように，データをいくつかのグループ（クラスタ）に分ける．データを分類する指標としては，ユークリッド距離，市街地距離，コサイン距離，ジャッカード係数などがある（表7.1）．後に示す階層的クラスタ

表7.1　クラスタリングで使われる距離関数の例

距離関数	$d(x, y)$ の定義	説明
ユークリッド距離 （L2ノルム）	$\sqrt{(x_1-y_1)^2+(x_2-y_2)^2+\cdots}$	n次元実数空間で用いられる．スケールを合わせる必要を考慮
市街地距離 （L1ノルム）	$\|x_1-y_1\|+\|x_2-y_2\|+\cdots$	外れ値の影響を押さえることができる
コサイン距離	$1-\dfrac{x \cdot y}{\|x\| \cdot \|y\|}$	テキストにおいてよく用いられる
ジャッカード係数	$\dfrac{\|X \cap Y\|}{\|X \cup Y\|}$	集合の類似度に利用

リングやk平均法など多くのクラスタリングアルゴリズムは，こうした指標の定義に関して独立であり，ドメインに応じて適切な距離関数を使うことができる．

7.2 階層的クラスタリング

　階層的クラスタリング（hierarchical clustering）は，段階的にクラスタを形成し，前の段階のクラスタの分割または結合によって次の段階のクラスタを形成していく方法である．このプロセスを繰り返していくと，最後にはデータ全体を含む一番大きなクラスタが形成され，その他のクラスタは，このルートクラスタの下にぶら下がる木構造となる．これを視覚的に示したのが**樹形図**（dendrogram,デンドログラム）である（図7.1）．階層的クラスタリングでは，予めクラスタ数を指定しない．したがって，すべての段階が解析結果であり，結合過程のすべてを解釈することができるともいえるが，よく使われるクラスタリング結果は，クラスタの結合距離が極端に変化する段階である[5]．階層的クラスタリングは一般には，サイズの大きいデータには向かない．最初のグルーピングを行うためには，最悪の場合レコード数nの2乗のオーダーの手間がかかるためである．したがって，階層的クラスタリングは，比較的小さなサイズのデータに対して用いられる．

7.3 k平均法

　比較的大きなサイズのデータに対してクラスタリングを行うのに適した代表的な方法の1つが，**k平均法**（k-means method）である．k平均法は，k個のクラスタ重心を定め，それぞれのレコードが最も近い重心を持つクラスタに所属するようにグルーピングを行う手法である．レコードがどこのクラスタに所属するかによってクラスタの重心が変わってくるために，この2つは同時に決定することができず，計算を繰り返し行うことになる．すなわち，レコードのクラスタへの割り当てとクラスタの重心の計算を交互に繰り返して行うことによって，一度にクラスタを形成する．クラスタリング結果には階層構造が存在しない．この方法で

---

[5]　客観的指標に基づいてクラスタ数を決定することもできる．

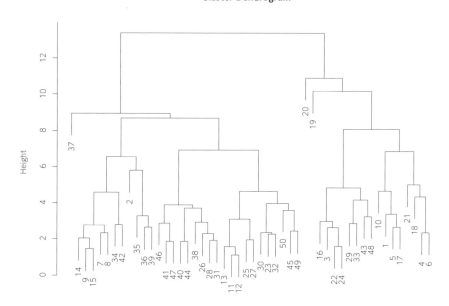

図7.1　階層的クラスタリングによる樹形図（デンドログラム）
全国消費実態調査擬似ミクロデータにおいて，50の世帯を支出11項目をもとにクラスタリングしたもの．枝がそれぞれの世帯を表している（番号づけされている）．それぞれの支出項目は対数化，[−1,1] 区間に正規化した上でクラスタリングした．

は，繰返し計算が必要だが，1回の繰返しに必要な計算量は，各レコードについてk個の重心との間の距離計算を行うだけであり，これはレコード数nに比例する時間で終わる．したがって，レコード数の大きなデータに対しては，階層的クラスタリングより効率的に計算を行うことができる．図7.2にk平均法によるクラスタリングの一例を示す．これは全国消費実態調査における消費支出11項目を対数化したものに対して，k平均法（距離は [−1,1] 区間に正規化した上でのユークリッド距離）で3クラスタに分類した結果を示している．横軸が消費支出の対数，縦軸が住居関係の支出の対数である．これを見ると，そもそも消費支出

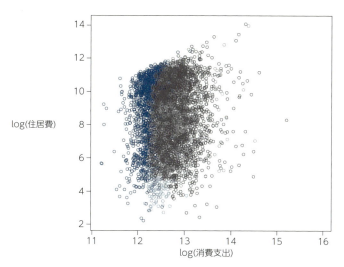

図7.2　k平均法によるクラスタリング例
全国消費実態調査擬似ミクロデータ支出11項目を対数化，[−1,1]区間に正規化した上で，ユークリッド距離に基づくk平均法（$k=3$）でクラスタリングし，消費支出と住居費（それぞれ対数）の観点でプロットしたもの．

が小さいグループ（青），消費支出も住居関係の支出も大きいグループ（灰色），消費支出は大きいが住居関係の支出は小さいグループ（水色）が見て取れる．これから，就業の有無，持ち家の有無のようなカテゴリに分類されているのではないか，という推察ができる．

　ユークリッド距離など，実数空間上の距離に基づいたクラスタリングは，各変数が量的変数であることを仮定している．したがって，カテゴリカル変数を使うためには，予め数量化をしておかなければならない[6]．

　クラスタリングの結果は，必ずしも人が見て意味のあるものになっているとは限らない．むしろ，探索的データ分析においては，一見わけのわからないクラスタリング結果から新たな気づきを得ることがある．購買データのクラスタリングによって，新たなセグメントの顧客層を見つけることができるかもしれない．また，故障データのクラスタリングによって，製品の想定されていなかった使い方が見つかるかもしれない．このような気づきから，次章以下で述べるモデリングのアイディアにつなげていくとよい．

---

[6] 例えば，2つのカテゴリによって測定された場合，1,0のダミー変数を割り当ててジャッカード係数などの適切な指標を計算すればよい．

第5章から第7章までは，主に探索的データ分析に用いられる手法を紹介した．そこでは，データをあちこちから眺め，その中にある構造を発見的に探すことが行われた．次の3つの章では，主に予測的データ分析に用いられる手法について述べる．

第8章
分類・回帰[5]

　予測的データ分析では，与えられたデータを分析することによって，今までに見たことのない入力（説明変数の値）に対して，目的変数がどのような値を取るかを予測するモデルを作る（図4.1 (b) 参照）．これを**統計的モデリング**（statistical modeling）と呼ぶ[7]．最も基本的なものは分類・回帰である．分類は目的変数がカテゴリカル変数であるときに用いられ，回帰は目的変数が量的変数であるときに用いられる．

8.1 分類

　目的変数が，「故障するかどうか」などカテゴリカル変数である場合の予測は，**分類**（classification）と呼ばれる[8]．分類の方法は，大きく分けて2つある．1つは，**分類木**（classification tree）と呼ばれるもので，図8.1のように，それぞれの説明変数の値によって場合分けをしていくものである．分類木は，各変数の中から，「目的変数を最もよく見分ける」ものを見つけ出し，それを最初の条件式とする，という方法で構成される．それぞれの場合分けの中で，さらに「目的変数を最もよく見分ける」条件式を探し出し，木を成長させていく．

　分類のもう1つの方法は，**線形判別モデル**と呼ばれ，n次元実数空間をある超平面で分割することによってモデルを表現する（図8.2）．予測したい点がこの超平面の上方にあるかどうか，によって予測を行う．

　分類がどのくらいの精度であるかを判定するのに用いる手法の1つが，**混同行列**（confusion matrix）である（表8.1）．混同行列は，事実はどうだったのか，予測がどうだったのか，のクロス集計表である．

---

[7] 統計的モデリングは，予測だけではなく，データが産出されるメカニズム（内部構造）を理解するためにも使われる．その意味では，説明的データ分析の段階でも使われる手法といえる．

[8] 分類をするソフトウェアを**分類器**（classifier）と呼ぶこともある．

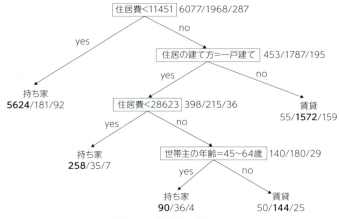

図8.1　分類木の例

全国消費実態調査擬似ミクロデータより，世帯が持ち家に住んでいるかどうかを他の属性から予測したもの．全体のデータでは，持ち家が6,077世帯，賃貸が1,968世帯，不詳が287世帯である（図の最上部のノードに表示）．毎月の住居費が11,451円未満の場合は「持ち家」と予測されていて，このデータの中ではこの条件を満たす世帯のうち5,624世帯が持ち家，181世帯が賃貸，残りの92世帯が不詳である．一方，毎月の住居費が11,451円以上の世帯においては，住居の建て方が一戸建で住居費が28,623円未満では持ち家，そうでない世帯においても世帯主の年齢が45～64歳の場合に持ち家と予測されている．

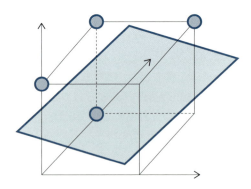

図8.2　線形モデルによる空間の分割

表8.1　故障予測における混同行列の例

事実と予測がどれだけ適合したかを示す．10,000例の予測のうち，実際に故障したものが100例，故障しなかったものが9,900例である．また，故障を予測したものが80 + 99 = 179例，予測しなかったものが20 + 9,801 = 9,821例あったことを示している．

		予測		合計
		故障を予測	故障を予測しない	
事実	故障する	80	20	100
	故障しない	99 (偽陽性)	9,801	9,900
合計		179	9,821 (偽陰性)	10,000

　カテゴリカル変数が，「故障するかどうか」のように2値の場合，故障しなかったにも関わらず故障を予測する間違いを，**偽陽性**（false positive）と呼ぶ．逆に，故障を見逃す間違いを**偽陰性**（false negative）と呼ぶ[9]．当然，間違った故障警報（偽陽性）を小さくしようとすれば，故障を見逃す可能性（偽陰性）が大きくなるので，これらはトレードオフの関係にある．偽陽性と偽陰性のトレードオフの関係をグラフにしたものが，**ROC曲線**（ROC curve）（図8.3）と呼ばれるも

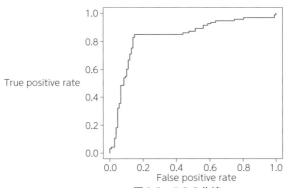

図8.3　ROC曲線

x軸が偽陽性，y軸が問題の何割を検出できるか，という捕捉率（1-false negative rateに相当）を表している．偽陽性が小さく，かつ捕捉率が大きいことが望ましいので，このグラフが左上に近ければ近いほど，良い分類器だということができる．ROC曲線の下側の面積を分類器の性能指標とすることもある．

9　分類器の精度を，**適合率**と**捕捉率**（**検出率**ともいう）で捉える考え方もある．表8.1の例では，適合率は故障と診断されたもののうち正しく故障だったものの割合（80/179 = 44.7%），捕捉率は実際の故障のうち正しく故障と予測したものの割合（20/100 = 80%）である．

のである.

　与えられた判別問題に対して,分類木と線形判別モデルのどちらを使うべきだろうか? これらは,どちらがより高精度であるとは一概にいえない.問題の性質によるものだからである.ただし,分類木の分類結果は,ルールの組合せで説明できるので,線形判別モデルよりも一般の人に理解してもらいやすい,というメリットがあることは心に留めておいてよいだろう.

8.2 回帰

　目的変数が量的変数の場合の予測は,**回帰分析**(regression analysis)と呼ばれる.ある説明変数と目的変数の間に強い線形の相関(相関係数rが1あるいは-1に近い)が見られる場合には,線形回帰分析を行うことで良いモデルを作ることができる(図8.4).説明変数が1個ではなく複数個ある場合には**重回帰分析**(multiple regression analysis)を行えばよい.目的変数がカテゴリカル変数の場合でも,その値を取る確率を予測する,という形の量的変数に変換して回帰分析することもできる(**ロジスティック回帰**(logistic regression analysis)という).目的変数が,一定時間内に起きる事象の回数など,ポアソン分布に従う場合は,**ポアソン回帰**(Poisson regression)を行う(表8.2).

　説明変数,あるいはその一部がカテゴリカル変数の場合は,**数量化I類**を適用して,カテゴリカル変数を数値に置き換えて分析を行う.これらは,いずれも線形

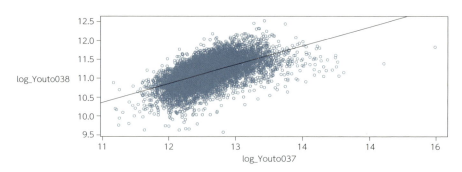

図8.4　線形回帰モデル

表8.2 目的変数の性質による様々な線形モデル

分析手法	目的変数の形
（重）回帰分析	量的
ロジスティック回帰	質的（「Aである」というような質的変数の値を割合あるいは確率で表したい場合）
ポアソン回帰	量的（一定期間に起きる事象の回数）
判別分析	質的

のモデルであり，説明変数（またはそれを変数変換したもの）と目的変数（またはそれを変数変換したもの）の間に線形の関係があることを仮定している．これらのモデル式の基本的な形式や前提は同じなので，まとめて**一般線形モデル**（general linear model）[10]と呼ぶこともある．

8.3 モデル選択

統計的モデリングにおいて，モデル選択とは，そのモデルを表現する数理的な形を決定することをいう．例えば，モデルとして $y = a \times x + b + \varepsilon$（ただし ε は平均0，分散 σ^2 の正規分布）という直線回帰モデルを使う，という決定がモデル選択にあたる．

モデルに取り込む説明変数を選択する上で，できるだけ多くの説明変数を利用して，より複雑なモデルを作りたい誘惑に駆られるかもしれない．だが，より複雑なモデルは，たまたま得られた訓練データに引っ張られて，今まで見たことのないデータを予測する力を失うことがある．これを**過適合**（over fitting，**過学習**ともいう）と呼ぶ．例えば，n 個のレコードからなる訓練データがあったとしよう．ここで，n 個の葉を持つ分類木を作れば，必ずすべてのレコードは正しく判別できることになる．あるいはもし，n 個の説明変数からなる直線回帰モデルを作ることになれば，そしてこの n 個のレコードが互いに線形独立であれば，これらの n 個のレコードを正確に再現できるモデルを作ることができる（n 元の連立1次方程式を解くことに相当する）．

モデルとして多項式を使う多項式回帰の場合にも，同様の問題がある．n 個の

---

10 「一般線形モデル」と「一般化線形モデル」は区別する．

レコードを正確に通る$n-1$次多項式を作ることができるからである．だが，そのモデルが，まだ見ていない新たなデータの予測をうまくできるとは限らない．見たことのないデータを予測する力を**汎化性能**（generalization ability）と呼ぶ．複雑なモデルは，与えられたデータに対する当てはまりはよいが，汎化性能に劣ることになりかねない．

では，与えられた訓練データへの当てはまりと，モデルの複雑さをどのようにバランスすればよいのだろうか．そのための示唆を与えてくれるのが，AIC（**赤池情報量基準**）である．AICは，最大対数尤度×−2＋自由パラメタ数×2という簡単な式だが，多くの場合，与えられたデータへの当てはまりと汎化能力との良いバランスを与えてくれる．

8.4 フィッティング（パラメタ適合）

モデルの形を選択しても，モデルそのものが決まったわけではない．前節の直線回帰モデルの例では，a, b, σ^2という3つのパラメタを決めなければ，モデルは一意に決まらないからである．実際の訓練データを用いて，これらのパラメタを決定する作業を，**フィッティング**（fitting）あるいは**パラメタ適合**（あるいは**パラメタ学習**（parameter learning））と呼ぶ．

フィッティングは，与えられた訓練データに最もよく合うパラメタを決める作業であるが，この「最もよく合う」という評価基準には，いくつかの考え方がある（表8.3）．伝統的によく使われるのが誤差の2乗和を最小にする考え方で，**最小2乗誤差**（least square error）と呼ばれる．これは解析的に良い性質（微分可能，凸）を持つために計算が行いやすい．**最尤推定**（maximum likelihood estimate）は，今見ている訓練データがモデルから生成される確率（**尤度**（likelihood）と呼ぶ）を最大にするようにパラメタを調整する．直線回帰などいくつかのよく知られたモデルにおけるフィッティングでは，最小2乗誤差で得られたパラメタと最尤推定で得られたパラメタが一致することが知られている．

モデルの利用目的に応じてフィッティングする考え方もある．判別分析においては，例えば「故障するかしないか」の判別をするための境界線の近くに多くの観測点が現れると判別しにくい．このため，できるだけ訓練データと境界線との

表8.3 フィッティングの戦略

フィッティング戦略	説明	特徴
最小2乗誤差	モデルの予測値と訓練データの誤差の2乗和を最小化	解析的な性質が良く知られていて計算しやすい．外れ値に対して大きなペナルティを与えやすい．
最尤推定	そのパラメタを仮定したときに，訓練データが生成される確率を最大化	尤度関数が微分可能な場合には計算しやすい．
マージン最大化	判別のためのマージンを最大化（サポートベクタマシンで用いられる）	ノイズのある訓練データに対して良い判別性能を得やすい．
最大期待利得	意思決定を含めて期待利得を最大化	期待利得がわかっている場合には，目的関数に対して最適なモデルを得ることができる．
ベイズ推定	パラメタを1つ（1組）の値ではなく，分布として推定	パラメタの分布に関して先験的な知見（事前分布）を入れることが可能．

距離（マージン）を大きく取ると判別しやすくなる．この戦略を用いた代表的手法の1つが**サポートベクタマシン**（support vector machine）と呼ばれるものである．また，判別モデルのパラメタは，偽陽性，偽陰性のトレードオフに関係する．それぞれの場合にどのような利得があるかを考えてしきい値を設定する考え方が，**最大期待利得**によるフィッティングである．

以上4つのフィッティング戦略は，与えられた考え方の中で最良のパラメタ（の組）を1つ求める考えであったが，パラメタの分布を求める考えもある．**ベイズ推定**（Bayesian inference）と呼ばれる考え方である．

このようにモデリングのツールは様々なフィッティング戦略を用意している．対象が単純な分布の場合には大きな違いは出ないが，そうでない場合には，フィッティング戦略の違いによってモデルの予測性能が大きく異なることもありうるので，注意が必要である．

第9章 統計的機械学習[6]-[8]

　機械学習（machine learning）とは，与えられた訓練データから，一般的な法則（モデル）を導き出す手法のことである．機械学習は人工知能のコミュニティで議論され，かつては論理的な帰納推論などの手法が盛んに研究されたが，現在では，機械学習といえばほぼすべて統計的機械学習を指す．したがって，統計的モデリングと統計的機械学習は，基本的には同じものを指すと考えてよい．前章で紹介した分類・回帰も，最もシンプルな統計的機械学習の例である．統計的モデリングが統計コミュニティで発展してきたのに対して，統計的機械学習は主に人工知能コミュニティで研究されてきたものである．

　ただし，それぞれのコミュニティが興味を持つ問題には，傾向があるようだ．1つは，統計的機械学習のコミュニティでは，テキストや画像，音声などいわゆる非構造化データを扱うことが多いという傾向である．非構造化データは，そのままでは統計的モデリングが難しいので，特徴量と呼ばれる構造化データにまず変換するテクニック（特徴量抽出と呼ばれる）が必要になる．もう1つは，統計的モデリングでは主に少数の説明変数からなるモデルとその数理的な性質を扱うのに対して，統計的機械学習では，非常に大量の説明変数を使って大規模なモデルを作り，その応用上での性能に着目することが多い．このため，統計的機械学習では，大きな次元の説明変数をどのように扱うか，が重要なテーマの1つとなっているようだ．以下，特徴量抽出と高次元データの扱いについて解説しよう．

9.1 特徴量の抽出

　テキスト，画像，音声などは**非構造化データ**（unstructured data）と呼ばれ，そのままでは統計的モデリングの様々な技法を適用するのが難しい．このため，まずはテキストや画像などの特徴を，固定次元のベクトルで表現し直すことが行

われる．このベクトルを**特徴ベクトル**（feature vector）と呼び，非構造データを特徴ベクトルに変換することを，**特徴量の抽出**と呼ぶ．特徴量の抽出では，もともとのデータの特徴をよく保存しながら，より扱いやすいデータに変換しなければならない．もし，画像Xと画像Yが似ているのであれば，画像Xの特徴ベクトル$f(X)$と画像Yの特徴ベクトル$f(Y)$は，何らかの形で似ていることが期待される．この「似ている」という関係は，もともとのデータの性質や，分析の応用に依存する．したがって，特徴量の抽出に万能の手法はない[11]．ここでは，テキスト，画像，音声について，典型的な特徴量を見ていこう．

 テキストの特徴量

　テキストの特徴量としてよく使われるのが，単語の出現回数をベクトル表現にした，**単語ベクトル**（term vector）である．"If you can dream it, you can do it."という短い文書を考えよう．この文書には，"if"という単語が1回，"you"が2回，"can"が2回，"dream"が1回，"do"が1回，"it"が2回現れている．これらの出現回数を<1,2,2,1,1,2>というベクトルとして表すのが，単語ベクトルである．実際には，英語の文章にはもっと多くの種類の単語が現れる．英語の文書に現れる単語の異なり数（辞書の大きさといってもよい）を10万とすれば，英語の文書の単語ベクトルの次元は10万となる．単語ベクトルは，単語の並び順や文法に関する情報を捨象している．しかし，文書に現れる特徴的な単語の情報はよく保存する．もし，2つの文書X, Yの中に，どちらも"machine"と"learning"という単語が多く現れているのであれば，どちらも何らかの形で機械学習に関係している文書であるだろうし，その意味で，文書Xと文書Yは似ているといえるだろう．単語ベクトルは，文献検索や，電子メールのスパムフィルタなどでよく使われている．

　テキストの中の単語の出現頻度を数えるにはどうしたらよいだろうか．英語では，単語は空白文字で区切られているので比較的簡単であるが，日本語では，明確な単語区切りがないので，**形態素解析**（morphological analysis）と呼ばれる処理を行う必要がある．日本語の形態素解析は比較的よく確立された技術であり，無料で使えるツールも公開されている（文献 [9], [10] など）．

11　近年注目されているディープラーニング（深層学習）では，特徴量の抽出が自動化できる可能性が指摘されている．この分野の発展に期待したい．

画像の特徴量

テキストに比べて，画像の特徴量は決まったものがない．初期には，画像全体の輝度スペクトラムなど，画像全体の特徴を捉えるものが使われていた．輝度スペクトラムでは，画像全体の明度や彩度などの情報が保存される．このため，例えば人の肌が画像の中の大きな部分を占める，というような情報をよく捉えることができる．図9.1は2つの画像の輝度のヒストグラムを示したものである．

「画像の中に何が写っているか」を認識するためには，視点や明度などが変わっても変化しにくい特徴を選ぶ必要がある．現在では，エッジや輪郭，テクスチャなどの局所的な特徴，あるいはSIFT（scale invariant feature transform）**特徴量**と呼ばれる回転・スケールの変化に強い特徴量が合わせて用いられることが多い．

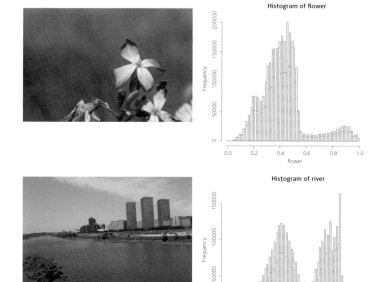

図9.1　2つの画像（花，川）とそれらの輝度ヒストグラム
　　　画像の全体の特徴を捉えることができる．

9.2 高次元データの扱い

第6章で紹介したアソシエーション分析は，0か1かという2値ではあったが，何千，何万の変数の間の依存関係ルールを抽出する手法であった．現在では情報技術が発達して，多くの変数を持つ（高次元の）データを比較的容易に扱えるようになった．前節までで述べたテキストや画像などは，特徴抽出しても多くの変数が残る．しかし，データが高次元であったとしても，必ずしもそのデータを生成したモデルが高次元であるとは限らない．自動車に100個のセンサがついていて，100次元のデータが得られたとしよう．しかし，自動車の振舞いを決定するパラメタとしては，速度，進行方向，エンジンの状態，ハンドルやアクセルの操作状態，路面の状態など，もっと少ない次元で十分に説明できるかもしれない．

主成分分析（principal component analysis）は，高次元のデータが得られたときに，それをより低次元のデータに変換して近似するテクニックとして代表的なものである．主成分分析は，得られたデータから分散を最大にする方向に座標軸を回転，平行移動するものである．次元を圧縮することで，分析に寄与しない変数を除くことができ，データを小さくできるのみならず，データの見通しがよくなる．

主成分分析はしかし，何万次元という高次元のデータに対しては単純には適用できない．主成分分析に必要な分散共分散行列の固有値計算に，大きな手間がかかるからである．また，得られた主成分が必ずしも直感に合う形で解釈できるとは限らない．次元が極めて大きい場合には，思い切ってそれぞれの変数の独立性を仮定することも1つのテクニックである．メールのスパムフィルタのアルゴリズムとしてよく知られる**ベイジアンフィルタ**（Bayesian filter）は，「それぞれの単語が独立に，どのカテゴリに分類されるかに寄与する」ことを仮定する．このことによって，訓練データの中から「各単語がスパムに寄与するかどうか」を単純なカウントに帰着することができる．

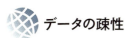
データの疎性

次元が大きいことのもう1つの問題は，**データの疎性**（スパースネス）である．

統計的なモデリングでは，同じ分布から出てくる独立な観測値が繰返し得られることを仮定している．例えば，あるコンビニにおける1ヶ月のPOSデータを元に，「50代の男性が今日ビールを買うかどうか」を予測したいとする．この場合，統計的に意味がある十分なサイズのデータが得られるだろう．これに対して，「ある特定の消費者（Aさんとしよう）が今日ビールを買うかどうか」を予測したい場合には，データが十分でないかもしれない．このデータを収集した1ヶ月の間に，Aさんがたまたま1度もビールを購入していないかもしれないからである．このデータをもとに単純に分類器を適用して予測すると，Aさんが今日ビールを買う確率はゼロと予測されてしまうだろう．

ビッグデータの時代になって，ポイントカードの情報やWebの閲覧履歴などから，個人の消費行動に関するデータもかなり手に入るようになってきた．このため「50代男性」などのデモグラフィー（グループ）単位ではなく，個人単位での行動の予測も視野に入ってきている．個人単位でのモデルを作ると，説明変数の数が組合せ的に爆発する．「Aさんがビールを買う」「Bさんがビールを買う」などが別々の変数になるからである．ビッグデータになっていくらデータが大きくなっても，これではほとんどの観測値が0になってしまう[12]．

この問題に対する1つの手法は**スムージング**（smoothing）と呼ばれるテクニックである．一番簡単には，すべての観測値（0も含めて）に人工的に1を加えることである．頻度0の変数に対しても，0でない確率を付与することができるが，データ全体を歪めてしまう可能性もあるので注意が必要である．もう少し高度な手法として，似た消費行動を持つ別の人々のデータで補間する方法があり，その代表的な手法の1つに**協調フィルタリング**（collaborative filtering）と呼ばれるものがある．

9.3 訓練データによる学習結果の評価

機械学習の結果得られたモデルの予測性能はどのように評価したらよいだろうか．8.1節で，分類におけるモデル評価の方法として，混同行列を紹介した．予測に対する正解データが得られれば，実際にその予測が的中したかどうかで，モデルの良し悪しを判定できる．だが，予測が1年先の売上予測の場合，簡単には正

---

[12] この，データ量（N）に対して変数の数（P）が爆発的に大きくなってしまう問題を**新NP問題**と呼ぶことがある．

解データが手に入らないだろう．ここでは，実際の正解データではなく，訓練データを使って予測性能を評価する方法を紹介する．

訓練データで評価するとはいっても，訓練に使ったデータそのものを使って評価してはならない．正解データがモデルの中に折込み済みになってしまうからである．そのため，学習を始める前に，まず訓練データを学習に使う部分と，評価に使う部分に分割する必要がある．例えば1万レコードのデータがあった場合，9,000レコードを訓練に使い，1,000レコードを評価のためにとっておく．この，評価のために「とっておく」データを，**ホールドアウト・セット**（holdout set）と呼ぶ．

ホールドアウト・セットをシステマティックに作る方法が，**交差検証**（cross validation）と呼ばれる手法である．ある整数n（例えば$n=10$）を決めて，訓練データをn個のセットに分割する．n個のうち，1つを評価用のホールドアウト・セットとして用い，残りの$n-1$個を学習に用いる．これを，ホールドアウト・セットを変えながらn回繰り返す．1つのホールドアウト・セットだけだと「たまたま」評価が良い結果が得られることもあるが，交差検証を行えば，より安定的な評価結果を得ることができる．

9.4 機械学習を用いる際の考慮点

モデルの寿命

統計的モデリングあるいは機械学習による予測には，「未来は過去の延長上にある」という根源的な仮定が置かれている．しかし，実際の世界では必ずしも過去と同じことが繰り返されるわけではない．世の中は変化していくからである．商品の売上予測モデルの場合は，例えば，新商品が投入される，消費税が上がる，新たな法律ができる，などの環境の変化が考えられる．したがって，予測モデルはいずれ更新しなければならない．モデルのメンテナンスについては，15.5節で詳しく述べる．

理解するためのモデリングと予測するためのモデリング

　本書では，統計的モデリング・機械学習はまだ見ていない値を予測するため，という位置づけで紹介したが，統計的モデリングのもう1つの重要な役割は，データが発生する裏のメカニズムを明らかにすることにある．つまり，理解のためのモデリングである．ただ，統計的機械学習の技術が進化するにつれて，統計的モデリングは，予測する力さえあれば，必ずしもデータ発生のメカニズムを正しく反映していなくてもよいのではないか，という議論もなされている．特に，**ディープラーニング**（deep learning, **深層学習**）などの新しい手法では，そもそも得られたモデルにどのような意味があるのかを解釈するのが困難である．これは，モデリングの目的の1つである「データ発生メカニズムの理解」をあきらめたことに相当するだろう．

第10章
時系列解析 [11]-[17]

10.1 確率過程と時系列

　売上の変化や，故障検出のためのセンサデータのように，ビッグデータの時代に興味深いデータの多くは，時間とともに変動するデータである．時間とともに得られる確率的な量を，**確率過程**（random process）と呼ぶ．時間は連続的な量だが，時間軸上で（主に一定間隔で）離散的な時刻 $t_1, t_2, \ldots,$ に観測される確率過程 $X(t_1), X(t_2), \ldots,$ を**時系列**（time series）と呼ぶ．気温の変化のように，連続的に変化する量についても，実際の観測はデジタルシステムにおいて離散的に行われるので，我々が興味を持つデータの多くは時系列データである．

　時系列のある実現値として得られたデータを**見本過程**（sample process）と呼ぶ．図10.1はいくつかのセンサの値の変化を見本過程として示したものである．もし，たくさんの見本過程が得られたとすると，それらを統計的に処理することができる．

　時系列データの解析が難しい理由の1つは，（例えば特定のセンサの）見本過程は，歴史上でただ一度しか観測されないことである．歴史をやり直してみることはできないからである．もし，時系列データの統計的振舞いが時間によらず一定であるのならば，1本の見本過程を長時間観測することによって，あたかも複数の見本過程が得られたかのごとくに解析することができる．

　残念ながら，現実の多くの時系列データではこのような性質は成り立たない．図10.2のように，企業の活動は，その企業が成功し続ける限り，毎年増加していくからである．では，どうするか．そのためには，時系列データを，定常的な部分と非定常な部分に分解して解析することが有効である．では，まず定常性とは何かを考えよう．

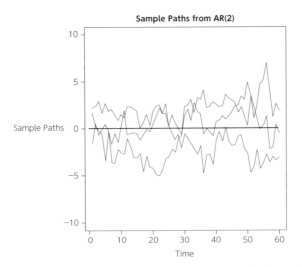

図10.1　時系列データの例：センサの値の変化（見本過程）

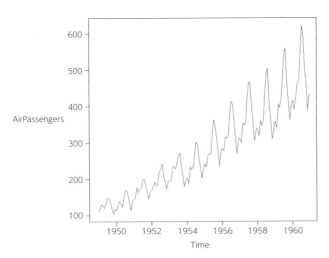

図10.2　1949年から1960年までの月別国際線航空旅客数の推移［Box&Jenkins, 1976］

10.2 定常性

時系列データは，時刻の関数 $X(t)$ として表される．もしこの確率変数が時刻 t に依存しないのであれば，時刻を無視して，普通の確率変数の列として扱うことができる．だが我々が興味を持つ時系列データは，「明日の売上」のようなものであり，それは往々にして直近の値（例えば「今日の売上」）に依存する．ただし「来年1年間の売上」，「再来年1年間の売上」は，今までの毎年の売上と似た変化をするかもしれない．ここでいう「来年」「再来年」は時間軸上の相対的な概念であり，「今年」という基準の時刻が毎年変化しても，このような統計的な性質は変わらないかもしれない．もし，時間軸上で任意の時間ずらしても時系列データの統計的振舞い（平均，分散，自己共分散）が変化しないとき，その時系列データは**定常的**（stationary）であるという．定常的な時系列データは，図10.1のように一見して構造を持たないように見えるかもしれない．しかし，各時刻の値はまったくランダムなわけではなく，過去の値との類似に注目すると構造が見えてくることもある．

そのような定常時系列をモデル化したものの代表が**自己回帰移動平均**（ARMA, autoregressive moving average）モデルである．ARMAモデルのベースには，**線形フィルタモデル**（linear filter model）（図10.3）がある．観測したいシステムはある状態を持っていて，この状態が毎時観測される．ただし，システムには外部からランダムな擾乱が入るとしよう．この擾乱は，毎時刻独立な値が入るものとする．これを，**ホワイトノイズ**（white noise）と呼ぶ．システムは，このホワイトノイズによって，状態を変化させる．その結果が観測される，というものである．

図10.3　線形フィルタモデル

ARMAモデルは，p期前までの観測値の記憶と，q期前までのホワイトノイズの線形結合として新たな観測値が決まる，というメカニズムを表現したモデルである．p, qという2つのパラメタによって，遠い過去の影響が小さくなることがわかるだろう．$p = 0$の場合は記憶を持たないモデルであり，観測値はq期前までのホワイトノイズだけから決まる．これを**移動平均（MA, moving average）モデル**と呼ぶ．一方，$q = 0$とすると，過去の外乱は直接関係なくなり，過去p期の記憶（と現在の外乱）だけから決まる．これを**自己回帰（AR, autoregressive）モデル**と呼ぶ．

Box-Jenkins法（Box-Jenkins method）は，まずモデルを選択し（つまり，ARMAモデルのp, qの値を決めることに相当する），次にそのモデルのパラメタを観測データから決定（フィッティング）し，その結果を使ってモデルを評価する，というステップを繰り返すことで，時系列データのモデリングを行うものである．p, qの決定のためには，データの自己相関プロットをしてみるとよい．図10.4は，図10.2の国際線航空旅客数の自己相関プロットである．ラグ（時間遅れ）が1.0年，つまり12ヶ月のところで強い自己相関が出ていることがわかる．つまり，12ヶ月前との強い相関を持つ時系列データであることがわかる．

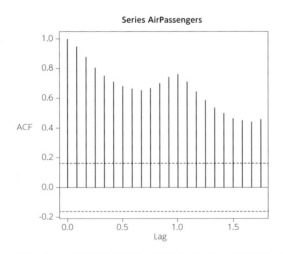

図10.4　国際線航空旅客数の時系列データの自己相関プロット
12ヶ月（図では1.0）のところで，強い自己相関があることがわかる．

10.3 定常から非定常へ

図10.2の国際線航空旅客数の時系列データはしかし，定常的ではない．定常的でない時系列データを扱うためには，階差を定常と見るか，変数変換を行うか，時系列データの分解を行う．階差を定常と見るモデルを，**自己回帰和分移動平均**（ARIMA, autoregressive integrated moving average）**モデル**と呼ぶ．

図10.5は，図10.2の国際線航空旅客数データを，トレンド成分，季節成分，残差に分解したものである．

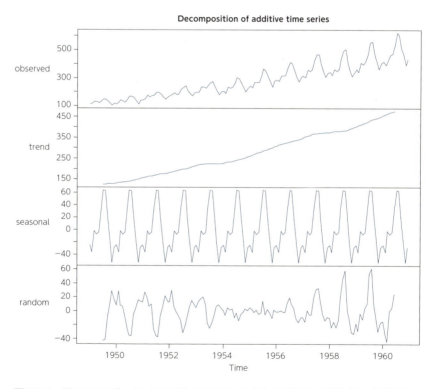

図10.5 図10.2のデータ（最上段）をトレンド成分（2段目），季節成分（3段目），残差（最下段）に分解したもの

10.4 状態空間モデル

　ARMAモデルでは，システムの状態が直接観測できたが，もし状態が直接観測できない場合，状態を推測できるだろうか．そのことを含め，より一般的な時系列を扱えるようにしたものが，**状態空間モデル**（state space model）である（図10.6）．システムは，状態 x を持ち，時刻毎に，システムモデル（図中では，関数 F）によってその状態を更新する．外部から観測される時系列データは，観測モデル（図中では関数 H）によって変換され，観測される．

　問題は，観測値の実現値の列 $Yt = \{y_0, y_1, ..., y_t\}$ が与えられたときに，システムの状態の列 $\{x_0, x_1, ..., x_t\}$ を推測することができるか，ということである．これは，観測 Yt を与えられたときに，状態 Xt の事後分布を求める，という問題として捉えることができる．この問題には，ベイズ公式に基づいたエレガントな漸化式があり，特にシステムモデル F，観測モデル H が線形の時には，**カルマンフィルタ**（Kalman filter）と呼ばれる計算アルゴリズムで計算できる．また，非ガウス，非

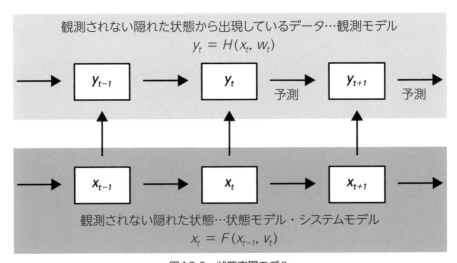

図10.6　状態空間モデル

x_t は，システムの状態変数．F, H はそれぞれシステムモデルと観測モデルを表す関数．v_t と w_t はノイズを表す確率変数．

線形の場合であっても，最近は**モンテカルロフィルタ**（Monte Carlo filter）あるいは**粒子フィルタ**（particle filter）と呼ばれるテクニックがあり，数値的な計算が可能になってきている．新たな観測値が得られるたびに，過去を含めたシステム状態の推定値を更新することができ，時系列解析のほか，天気予報やロボットの制御など，リアルタイムに状態推定や予測を行うための強力なツールとなっている．

第8章，第9章，第10章では，予測モデリングについて述べた．予測ができれば，多くのビジネス問題は解決しそうだが，必ずしもそうではない．ビジネスの打ち手を特徴づけるパラメタが多数あったとしよう．それらのパラメタを1組決定すれば，その結果の業績は予測モデルによって予測することができる．だが，どのパラメタの組合せが，目的関数（売上など）を最大化するだろうか．それを知るために使われるのが，指示的データ分析である．次章からは指示的データ分析について紹介する．手法として，最適化と実験計画を取り上げる．

第11章 最適化 [18] [19]

最適化 (optimization), あるいは**数理計画法** (mathematical programming) と呼ばれる一連の手法は, あるモデルが与えられたときに, そのモデルの目的関数を最大化 (あるいは最小化) するような変数の組を見つける手法である. まず, 最も基本的な線形計画法から考えてみよう.

11.1 線形計画法

ある会社で, 製品の広告の効果をデータ分析したところ, 表11.1のような結果が得られたとする. この表は, 新聞広告とWeb広告について, それぞれ1万円分を出稿した場合, どれだけの顧客が反応してくれるかを示している. 新聞広告には中高年層が, Web広告には若年層がより強く反応する様子が見て取れる.

表11.1 広告の出稿1万円あたりの反応数

	新聞広告	Web広告
若年層	100	1,300
中高年層	700	200

さて, ここでマーケティング担当者は, 少なくとも若年層2,000人, 中高年層2,000人に反応してもらえるような広告キャンペーンを打ちたい. このキャンペーンを最も小さい予算で行うには, 新聞広告, Web広告にいくら投入すればよいだろうか.

この問題は, 典型的な最適化問題である. 新聞広告にx_1万円, Web広告にx_2万円を投入すると仮定すると,「若年層, 中高年層にそれぞれ最低2,000人反応してもらいたい」という条件は, 以下のような制約式として書き表すことができる.

制約式：
  $100 \times x_1 + 1300 \times x_2 >= 2000$（若年層の制約）
  $700 \times x_1 + 200 \times x_2 >= 2000$ （中高年層の制約）

与えられた最適化問題は，この条件の下で目的関数

  $z = x_1 + x_2$

を最小化する問題，として定式化できる．

　図11.1は，x_1, x_2の取りうる値を2次元のグラフに示したものである．それぞれの制約式を満たす点は，制約式の不等号を等号に変えた直線の上側の領域となる．したがって，両方の制約式を満たす点は，図で示す青色の領域となる．与えられたすべての制約を満たす点（x_1, x_2）を，**実行可能解**と呼ぶ．最適化問題は，実行可能解の中で，目的関数を最小化する点を探す問題として帰着できる．図11.1の場合，直感的には，$z = x_1 + x_2$となる直線を平行移動し，実行可能解と交わる最小のuを探すことに相当する．

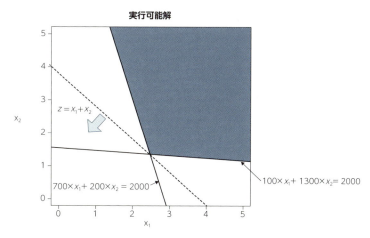

図11.1　線形計画問題
実行可能解は，2つの直線の上側，青色に塗った部分である．この中で，目的関数zが最小になる点を求める．

一般に，最適化問題は，制約条件と目的関数の組合せで与えられる．n次元の実数空間上の連続な点を解空間に持つものを**連続最適化問題**，整数値のように飛び飛びの値を持つものを**離散最適化問題**という．連続な最適化問題のうち，制約条件と目的関数が線形の式で与えられるものを**線形計画問題**と呼ぶ．前述の広告出稿の最適化は，線形計画問題である．線形計画問題に関しては，**単体法**（simplex method），**内点法**（interior point method）というよく知られた2つの解法があり，問題の制約と目的関数を線形の式に落とし込めれば，最適化問題は解けたと思ってよい．一般のパソコンでも，変数の数（次元）が数万，制約の数が数万の線形計画問題はストレスなく解くことができる．単体法は，線形計画問題の最適解が実行可能解の頂点になることを利用して，頂点を順に巡ることで解を求める．内点法は次に述べる凸計画問題にも利用できる解法であり，大規模問題に対しても計算効率がよいことが知られている．

11.2 凸計画法

　制約が線形でなくても，実行可能解が凸集合であり目的関数が凸関数である場合には，**凸計画問題**（convex programming problem）と呼ばれ，多くの場合内点法で解くことができる．**凸集合**（convex set）とは任意の2点を結ぶ線分がその集合に含まれるような集合（図11.2）である．
　凸計画問題は，多くの場合に内点法を用いて効率よく解くことができる．したがって，与えられた問題を凸計画問題に帰着できるかどうかが，大きなポイント

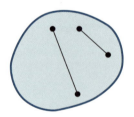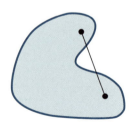

図11.2　凸集合（左）とそうでない集合（右）
凸集合の場合には，その中の2点を結ぶ線分がその集合の中に含まれる，という性質がある．

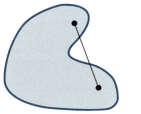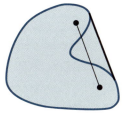

図11.3 非凸集合（左）とその凸包（右）
問題が非凸の場合は，いったん凸包を取って，その中で最適解を求めてみる，というのも1つの手である．

となる．1つのテクニックは，非凸の解空間を一部拡張して，凸集合として近似する方法である（図11.3）．

11.3 勾配法

　問題が凸計画問題にならない場合には，一般に効率よく解くことはできない．解空間が連続で微分可能であれば，勾配法を用いて近傍の**局所最適解**（local optimal solution）を求めることができる．ただし，これはその近傍だけでの最適解であり，必ずしも解空間全体の最適解ではない（図11.4）．勾配法は初期値に強く依存することが知られている．初期値の選択に，先に述べた凸包の最適解を利用することも可能である．

　解空間が連続でない場合の最適化問題を離散最適化問題と呼ぶ．離散最適化問題は，ビジネスにおいても身近に現れる．例えば，1回の輸送コンテナの中に，売上を最大にするような商品の詰め方を求める問題は，**ナップザック問題**（knapsack problem）と呼ばれ，典型的な整数計画問題である．あるいは，販売店を巡回して商品を配達する経路を最適化する問題は，**巡回セールスマン問題**（travelling salesman problem）と呼ばれる．これらはいずれも，最適解を求めることが計算量的に難しい（*NP*困難（*NP* hard）と呼ばれる）ことが知られている．これらの問題に対しては，厳密な最適解を求めるのではなく，近似解を効率よく求めるにはどうしたらよいか，が主眼となる．このあたりのノウハウには，定まっ

たものがなく，商用ソルバーの腕の見せどころとなっている．

離散最適化問題はそのまま解くのは難しいが，連続最適化問題として近似することができれば，前述の単体法や内点法が使えるかもしれない．実は最初に述べた広告出稿最適化の問題は，新聞とWebへの投資の金額を決めるものであり，金額は少なくとも1円単位の飛び飛びの値を取るので，厳密にいえば離散最適化問題である．しかし，連続な値として考えることで，効率よく解くことができたのである．

最適化，あるいは数理計画法と呼ばれる一連の手法は，必ずしもデータ分析手法とはいえないかもしれない．使うモデルは，データ分析の結果として得られたものでなくてもよいからである．にもかかわらず，最適化はデータサイエンティストが行うべき仕事の中で，重要な部分を占める．

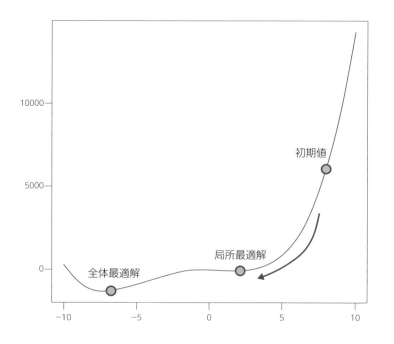

図11.4　勾配法による最適化

非凸な解空間において，微分可能であれば勾配法を適用できるが，初期値によっては局所最適解に陥る．

第12章
実験計画

12.1 相関と因果

データ分析を行ってわかることの1つは，変数間の関係である．だが，変数の間に関係があるからといって，因果があるとは限らない．よくある例が，「警察官が多い都市には犯罪が多い」という相関である．これを「警察官が多い」から「犯罪が多い」という因果に解釈してしまうと，犯罪を減らすためには警察官を減らすべきだ，という議論になってしまう．これは（おそらく）因果が逆転していて，犯罪が多いために警察官を増員しなければならなかった，というのが本当のところだろう．

データ分析を行って，変数Aと変数Bの間に相関が見られたときに，それらの間に起きている関係は，表12.1に示す4通りのうちのどれかである．

表12.1 相関がある変数間の因果関係

因果関係	例
AがBの原因	(A) ヤカンの加熱時間と，(B) お湯の温度
BがAの原因	(A) 都市の人口当たり警察官の数と，(B) その都市の犯罪率
要因Cが，AとBの共通の原因	(A) ある人がテレビをよく見ることと，(B) その人が方言を話す割合．共通原因は (C) その人が高齢者だから．
AとBは独立（相関は「たまたま観測された」もの）	スーパーボウル指標[13]．すなわち，(A) スーパーボウルでNFCのチームが勝つことと，(B) その年の相場が上昇すること．

---

13 「アメリカンフットボールのスーパーボウルでNFCチームが勝つと，その年の株の相場が上がる」という法則．1967年から30年の間は非常に高い相関があった．

気をつけなければならないのは，最後のパターンである．すなわち，統計的に独立な変数であったとしても，たまたま観測されたデータに見かけの相関が現れることがある．

過去のデータを受動的に眺めているだけでは，決して因果関係を統計的に示すことはできない[14]．しかし，もしその他の条件をまったく同じにした状態で変数Aを能動的に動かしてみて，その結果変数Bが常に（あるいは統計的にほぼ常に）同じように変化すれば，それは変数Aから変数Bへの因果関係があるといってよい．

「その他の条件をまったく同じにした状態で変数を動かしてみる」ために行われるのが，**無作為抽出**（random sampling）**実験**である．動かしてみることのできる変数を，**実験計画**（experimental design）の世界では**因子**（factor）と呼び，因子に割り当てられる具体的な値を**水準**（level）と呼ぶ．

製薬の世界では，薬の効果を検証するために無作為抽出実験を行うことが求められている．実験参加者は1人ひとり異なるので，「その他の条件を全く同じ」にして，つまり同じ人に同じ条件で薬を与える場合と与えない場合を比較することはできない．その代わり，同じ母集団から実験参加者をランダムに選んで，薬を与えるグループ（treatment group）と，偽薬を与えるグループ（control group）に分け，それらのグループ間に統計的に優位な差が出るかを調べる．ランダムに抽出したグループなので，2つのグループは平均的に同じ条件を持つとみなせるのである．この場合，因子は「対象薬を投与するか偽薬を投与するか」という2水準の因子となる．

12.2 A/Bテスティング

前述の1因子，2水準の無作為抽出実験は，Webマーケティングの世界では**A/Bテスティング**という名前で知られていて，現在では広く使われている．ある商品の広告として，2つのバナーを作ったとしよう．どちらの広告のほうを，より多くの人がクリックしてくれるだろうか？ それには，上述の無作為抽出実験を行ってみればよい．つまり，ランダムにパターンAとパターンBのバナー広告を出し，

---

[14] 原因となる可能性のある変数をすべて数え上げられる場合はこの限りでない．喫煙が肺がんの原因になっているという一般的な認識は，合理的な原因の可能性をすべて尽くした上での推論である．

そのクリック率を調べればよい．もし，パターンAの平均クリック率が統計的に有意に大きければ，パターンAの広告を出せば，パターンBの広告を出すよりもクリック率が高くなる，という因果関係を知ることができる．このときサンプルの抽出がランダムでなければならないことに注意してほしい．製薬の世界では，母集団（つまり人口全体）から全く偏りなくサンプルを取ることは難しい（多くの場合，被験者がボランティアであるため）が，Webの上では，ほとんどコストなくこのような無作為抽出実験を行うことができる．

12.3 直交表に基づく分析

A/Bテスティングでは，ある1つの変数（因子）だけを取り出して，その変数が別の変数の原因になっているかを調べることができた．しかし，複数の変数を変更することができたら，何が起きるだろうか．例えば，パック旅行商品を設計するために，消費者の選好をアンケート調査したいとしよう．このパック設計にあたり，変数は4つあり，その選択肢は表12.2に示すものであるとする．

これら4つの変数の選択肢の組合せは全部で，$2 \times 3 \times 2 \times 3 = 36$通りある．このうち消費者が最も好む組合せはどれだろうか．もし，各変数が独立であれば，この最適化は簡単である．宿泊施設，オプション，価格の組合せに関わらず，交通手段として飛行機が好まれるのであれば，交通手段という変数に対して「交通手段＝飛行機」という選択肢が最適であるのは明らかだ．難しいのは，「神社仏閣巡りをするのであれば旅館に泊まりたい」とか「ショッピングならば往復は新幹線がよい」など，変数の間に依存関係がある場合である．

表12.2 パック旅行商品設計にあたる選択肢

因子（変数）	水準（値）
交通手段	飛行機, 新幹線
宿泊施設	シティホテル, ビジネスホテル, 旅館
オプション	神社仏閣巡り, ショッピング
価格	5万円, 7万円, 10万円

消費者の選好が，4つの変数のすべての組合せの各々について個別に決まるのであれば，これは36通りの組合せを全部提示して，「どれがよいですか」と聞くしかない．これは大きな手間である．消費者の選好が，4つの変数を同時に見るのではなく，2つの変数の間の関係によって決まってくるのであれば，アンケートの内容を大幅に簡約化することができる．これを行うのが**直交表**（orthogonal table）（表12.3）である．

36種のパターンを提示する代わりに，消費者にこの12種を提示して，それぞれをスコアリングしてもらう．スコアリングは，選好を示す数値を付与してもらってもよいし，これらの商品をカードの形で提示して，そのカードを選好の順に並べ替えてもらうのでもよい．この結果を，重回帰分析あるいはロジスティック回帰などで分析し，それぞれの変数の重みを計算する．マーケティングでよく使われるこの手法を，**コンジョイント分析**（conjoint analysis）と呼ぶ．

直交表による実験計画は，製造現場でも**タグチ・メソッド**（Taguchi method）という手法の中でも使われている．例えば，製造工程において，異なる原材料2

表12.3 旅行商品設計のための直交表

消費者に提示する12種の商品パターンを示したもの．例えば交通手段を「飛行機」とした場合，残り3つの変数のそれぞれの選択肢が，同数ずつ現れている．

交通手段	宿泊	オプション	価格
飛行機	シティホテル	神社仏閣巡り	5万円
飛行機	シティホテル	神社仏閣巡り	7万円
新幹線	ビジネスホテル	神社仏閣巡り	5万円
新幹線	ビジネスホテル	神社仏閣巡り	10万円
新幹線	旅館	神社仏閣巡り	7万円
飛行機	旅館	神社仏閣巡り	10万円
新幹線	シティホテル	ショッピング	7万円
新幹線	シティホテル	ショッピング	10万円
飛行機	ビジネスホテル	ショッピング	7万円
飛行機	ビジネスホテル	ショッピング	10万円
飛行機	旅館	ショッピング	5万円
新幹線	旅館	ショッピング	5万円

表12.4 製造工程における選択肢

因子（変数）	水準（値）
原材料	材料X, 材料Y
触媒	触媒P, 触媒Q, 触媒R
焼結温度	300度, 350度, 400度
処理時間	20分, 30分

種，触媒3種，焼結温度3種，処理時間2種の36通りの組合せの中で最適なものを見つけたいとする（表12.4）．

この場合も，旅行商品設計の例と同様に直交表を作り，12通りの実験を行うことで最適な組合せを見つけることができる．

現在多く行われているビッグデータ分析は，「現在得られているデータ」からの分析が主流だが，今後はどういう条件の下に何のデータを収集するかを計画することがより重要になってくる．その際には，実験計画の手法を思い出し，効果的に利用していただきたい．

以上，第4章から第12章までにわたって，データ分析に使われる様々な手法を紹介してきた．第3部では，データ分析をビジネスに利用できる組織のあり方について考える．

参考文献

[1] J. R. Evans: Business analytics: The next frontier for decision sciences, *Decision Line*, 43(2), pp. 4-6, 2012.
[2] 山本義郎・飯塚誠也・藤野友和・金明哲:『統計データの視覚化（Rで学ぶデータサイエンス 12）』, 東京：共立出版, 2013.
[3] P. Armitage , G. Berry: *Statistical Methods in Medical Research*, Oxford: Blackwell, 1994. （椿美智子・椿広計 訳:『医学研究のための統計的方法』, サイエンティスト社, 2001.）
[4] 齋藤堯幸・宿久洋:『関連性データの解析法—多次元尺度構成法とクラスター分析法—』, 東京：共立出版, 2006.
[5] 小西貞則:『多変量解析入門—線形から非線形へ—』, 東京：岩波書店, 2010.
[6] C. Bishop : *Pattern Recognition and Machine Learning*, New York, NY: Springer-Verlag, 2006. （元田浩・栗田多喜夫・樋口知之・松本裕治・村田昇 訳:『パターン認識と機械学習』上・下, 丸善出版, 2012.）
[7] 福水健次:『カーネル法入門—正定値カーネルによるデータ解析—』, 東京：朝倉書店, 2010.
[8] 赤穂昭太郎:『カーネル多変量解析—非線形データ解析の新しい展開—』, 東京：岩波書店, 2008.
[9] 奈良先端科学技術大学院大学情報科学研究科自然言語処理学講座（松本研究室）: ChaSen—形態素解析器, 2007. ［オンライン］. Available: http://chasen-legacy.osdn.jp/. ［アクセス日：16 6 2015］.
[10] 工藤拓:MeCab: Yet Another Part-of-Speech and Morphological Analyzer, 2006. ［オンライン］. Available: http://taku910.github.io/mecab/. ［アクセス日：16 6 2015］.
[11] G. E. P. Box, G. M. Jenkins , G. C. Reinsel: *Time Series Analysis: Forecasting and Control*, 4th Edition, Hoboken, NJ: Wiley, 2008.
[12] A. C. Harvey : *Time Series Models*, Oxford: Philip Allan Publishers, 1981. （国友直人・山本拓 訳:『時系列モデル入門』, 東京大学出版会, 1985.）
[13] 田中勝人:『現代時系列分析』, 東京：岩波書店, 2006.
[14] H. Kobayashi, B. L. Mark , W. Turin: *Probability, Random Processes, and Statistical Analysis: Applications to Communications, Signal Processing, Queueing Theory and Mathematical Finance*, New York, NY: Cambridge University Press, 2012.
[15] 北川源四郎:『時系列解析入門』, 東京：岩波書店, 2005.
[16] J. J. F. Commandeur , S. J. Koopman: *An Introduction to State Space Time Series Analysis (Practical Econometrics)*, Oxford: Oxford University Press, 2007.
[17] 樋口知之:『予測にいかす統計モデリングの基本—ベイズ統計入門から応用まで—』, 東京：講談社, 2011.
[18] 矢部博:『工学基礎「最適化とその応用」』, 東京：サイエンス社, 2006.
[19] S. Boyd , L. Vandenberghe: *Convex Optimization*, New York, NY: Cambridge University Press, 2004.

第3部

データ分析を有効活用できる組織

　　データ分析は，1つのテーマを実施して終わりではない．販売・マーケティング領域を例にとっても，有望顧客層の発見，顧客解約抑止，商品のリコメンデーションなど様々なテーマが組織のビジネスに貢献する．しかし，1つの分析テーマを進めるときには問題にならないことが，複数のテーマを進めるときには問題となる．この第3部では，様々なテーマに対して組織がデータ分析を活用すると想定したときに，考えなければいけないことに焦点を当てて論じる．その主要な内容は，下記の6つである．

- どのような組織形態で分析を進めるべきか（第13章）．
- データサイエンティストをどのように調達し，育成すべきか（第14章）．
- 1つひとつの分析テーマ実施の質とスピードを上げるために，データ活用のプロセスをどのように整備すべきか（第15章）．
- 複数の分析テーマ実施で共通利用する分析基盤とデータは，どのように管理すべきか（第16章）．
- 分析活動に関する意思決定は何をどのようにすべきか（第17章）．
- データの分析・利用に関する権利と義務について何を理解しておくべきか（第18章）．

第13章 データを活用する組織の形態

　組織としてデータ分析を有効に活用するためにはまず，データ分析の機能とそれを実施するデータサイエンティストをどのように組織に配置するか，組織の形態を考えねばならない．データ分析のための組織にはいくつかの形態がある．Michele Chambersらは書籍"*Modern Analytics Methodologies—Driving Business Value with Analytics*"[1]で，**専門組織型**（centralized），**埋め込み型**（decentralized），**ハイブリッド型**（hybrid）の3種類の組織形態を紹介している．それらは，データサイエンティストをどの部門に配置するかによって分類される（図13.1）．

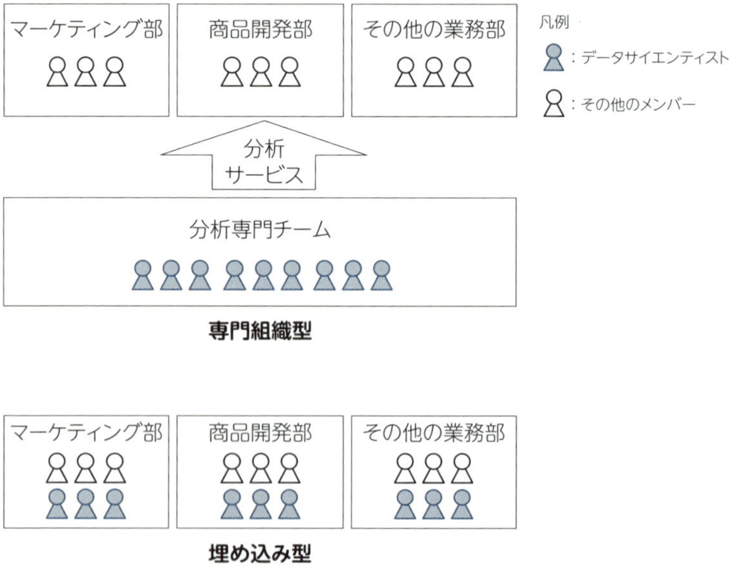

図13.1　データ分析のための組織形態（専門組織型と埋め込み型）

13.1 専門組織型

　専門組織型は，データサイエンティストがデータ分析を専門に行う部門に所属し，彼らが業務部門の課題解決に取り組む形態である．データサイエンティストの所属部門と，課題を持つ部門が別であることが特徴である．河本薫氏率いる大阪ガスのビジネスアナリティクスセンターは，この形態にあたる．このセンターに所属するデータサイエンティストが，社内の様々な業務部門と共に，業務上の課題解決に取り組む．リクルートのように，リクルートテクノロジーズという独立した会社がグループ会社の分析を引き受けるケースも，この専門組織型にあたるだろう．これら専門組織の役割は，データ分析を活用して業務部門の生産性向上に貢献することであろう．

13.2 埋め込み型

　埋め込み型は，データサイエンティストが業務部門の中に配置される形態である．データサイエンティストの所属部門と，課題を持つ部門が同じであることが特徴である．世の中のデータベースマーケティング部は，自部門の中にデータサイエンティストを抱えるため，埋め込み型にあたる．この部門のデータサイエンティストは，マーケティングの仕事以外に原則たずさわらない．したがって，それ以外の業務部門は必要に応じて，データサイエンティストを自部門で抱える必要がある．

13.3 専門組織型と埋め込み型の比較

　専門組織型と埋め込み型のどちらがよいのか，という問いに，誰もが納得する答えを示すのは難しい．しかし，比較の視点を想定すると，その視点でどちらの組織が優れているか検討することはできる．いくつかの視点で，2つの組織形態を比較してみよう．

技術・ノウハウの共有化

データサイエンティストの間で，技術・ノウハウを共有するという視点では，専門組織型のほうが優れている．データサイエンティストが1つの部門に所属するため，分析の技術，ノウハウなどの共有を行いやすい．互いにスキルを磨きあうことで，データサイエンティストの個の力を高めやすい．

 ### 分析作業の標準化

分析作業の流れを標準化するという視点では，専門組織型が優れている．データサイエンティストが，プロジェクト毎に分析の進め方を独自に考えるよりは，標準化した分析作業をカスタマイズしたほうが，分析作業の質とスピードが向上する．専門組織型だと，過去の分析プロジェクトを集めて分析作業の流れを標準化するという活動を，分析専門チームが主導する体制をとりやすい．

 ### ツールや分析基盤の共通化

ツールや分析基盤を，部門を越えて共通化するという視点では，専門組織型のほうが優れている．逆にいえば，埋め込み型の場合，部門毎に分析ツールが異なる，分析で扱うデータを部門を越えて共有しにくい，などの弊害が起こりやすい．

 ### 扱うデータの多様性

多様なデータを使って分析をする視点では，専門組織型が優れている．データ分析は，様々なデータを掛け合わせることで，新しい価値を生む．ある業務部門が，自部門のデータだけを分析して生める価値には限界がある．専門組織型の場合，様々な部門の分析を実施しているデータサイエンティストの情報を繋ぎやすく，どの部門にどんなデータがあるのかを鳥瞰的に把握しやすい．そしてその情報網を使ってデータを探しにゆける．

リソースの最適配置レベル

　リソース，つまりデータサイエンティストを，分析の需要に最適に割り当てるという視点では，専門組織型が優れている．埋め込み型だと，手が空いているマーケティング部門のデータサイエンティストに，商品開発部門がデータ分析を依頼するのは，原則難しい．優秀なデータサイエンティストが組織に潤沢にいるわけではない現状を考えると，専門組織型のほうが，データサイエンティストのリソースを組織で最適配置しやすい．

 業務理解のスピード

　データ分析に必要な業務の理解スピードという視点では，埋め込み型のほうが優れている．専門組織型がこの点に極端に弱いと，「あの人たち，どうせ業務のことわかってないから」と業務部門からささやかれかねない．そうなると専門部門への信頼が損なわれる．埋め込み型の場合，業務部門に属するデータサイエンティストは，基本的な業務の知識は既に身に着けており，必要な業務を理解するスピードは速い．

 業務課題の解決力

　業務課題の解決力とは，本書の第1部で定義した「ビジネス力」において，ビジネス課題を整理し，解決する力のことを指す．業務をよく知っている埋め込み型のほうが優れていると一見考えがちだが，著者はしいていえば専門組織型が優れていると考える．問題を構造化し根本にある課題を特定し，解き方を指し示すことは，世の中のコンサルタントが得意とする仕事で，業務に詳しいこととは別のスキルである．専門組織型に所属するデータサイエンティストは，様々な部門の課題解決にあたってきた中でこういうスキルを身に着けているはずなので（身に着けていなければトレーニングすべき），専門組織型が関与したほうが，業務課題の特定が進みやすい．

意思決定のスピード

データ分析の結果をビジネス上の意思決定につなげるスピードという視点では，埋め込み型のほうが優れている．ステークホルダの利害関係が単純だからである．埋め込み型の場合，例えばマーケティング部門のトップがGOサインを出せば，それで意思決定できる．意思決定に関与する部門が増えれば増えるほど，部門間の合意形成が必要となり，意思決定のスピードが鈍る．

 ## 分析テーマ数の広がり

時間は必要だが，業務部門のデータサイエンティストが力をつけてくれば，分析テーマ数の広がりという視点では，埋め込み型が優れている．専門組織の規模が，業務部門を超えるほど大きくならないと想定した場合，専門組織にいかに卓越したデータサイエンティストがいたとしても，人数の制約から，扱える分析テーマ数には限界がある．一方，極端にいえば，業務部門の全員が分析スキルを身に着ければ，部門全員がデータサイエンティストであり，部門全員が日々分析を実施することができる．つまり，時間の経過と共に，専門組織型と埋め込み型とでは，分析テーマの広がりが逆転する（図13.2）．

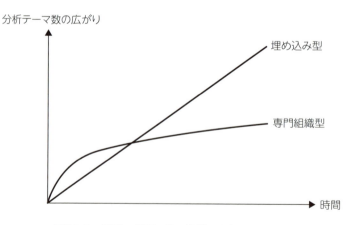

図13.2　時間の経過に伴う組織の分析テーマ数の比較

分析テーマ数の広がりを見込みやすい業務部門の1つが，製造業における研究開発部門である．理科系出身者が多く，本来の業務が，エンジニアリングやサイエンスである場合が多いため，データサイエンス力，データエンジニア力の基礎的なトレーニングを実施すれば，そこからのスキル向上スピードが速い．著者が支援したある会社の研究開発部門では，数年間で100人近いデータサイエンティストが育っている．

分析テーマ数の広がりを示したもう1つの事例は，ブレンダ・L. ディートリクらが著書『IBMを強くしたアナリティクス』[2]で述べているIBMの経理財務部門についてのものである．財務報告の作成を正確にタイムリーに実施することが，これまでの経理財務部門の仕事であった．今でもこのことは変わらないが，現在は，将来を見通す洞察を与えることが，経理財務部門のDNAとなっている．当時の経理財務部門のリーダーが，「会社の未来に貢献する部門になりたい」という目指すべき方向を示し，データ分析の文化を醸成するための教育を積極的に実施した結果である．

専門組織型と埋め込み型とを，いくつかの視点で比較したこれまでの内容を表13.1にまとめる．

表13.1　組織形態の比較　（✓マーク：比較の視点で優れている形態）

比較の視点	専門組織型	埋め込み型
技術・ノウハウの共有化	✓	
分析作業の標準化	✓	
ツールや分析環境の共通化	✓	
扱うデータの多様性	✓	
リソースの最適配置レベル	✓	
業務理解のスピード		✓
業務課題の解決力	✓	
意思決定のスピード		✓
分析テーマ数の広がり		✓

13.4 ハイブリッド型

　専門組織型と埋め込み型の弱い点を補うように発展した組織形態が，ハイブリッド型である．ハイブリッド型では，データサイエンティストを，分析専門チームと業務部門の両方に配置する（図13.3）．ただし，専門部門には，比較的高度なスキルを持つデータサイエンティストを配置する．業務部門に配置されたデータサイエンティストが単独で課題解決できるのであれば，それでよい．高度なスキルが必要な場合には，専門組織のデータサイエンティストが業務部門のデータサイエンティストと一緒に課題解決にあたる．

　ハイブリッド型では，業務部門の分析活動を，分析専門チームが支援する．そのために，専門組織は，高度分析の支援の他に，技術・ナレッジ情報の提供や分析作業の標準化などのシェアードサービスを，業務部門に対して提供する．これらのシェアードサービスにより，業務部門主導の分析テーマの広がりを加速することができる．

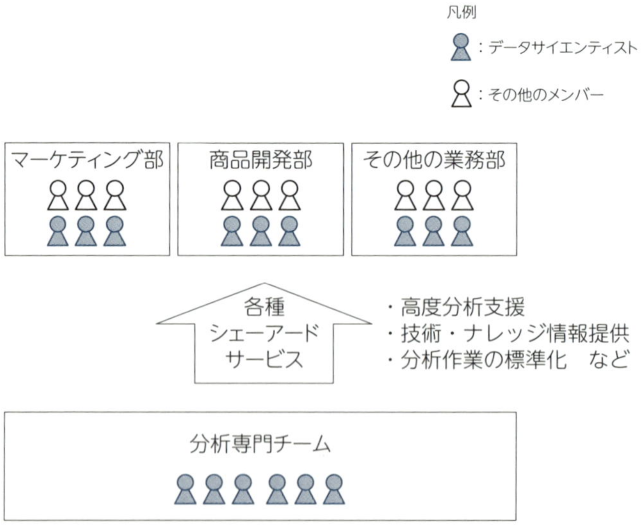

図13.3　ハイブリッド型の組織形態

ハイブリッド型の課題は何だろうか．それは，ハイブリッド型を定常的に運営していくには，それなりに労力がかかることである．例えば，技術・ノウハウの情報提供や分析作業の標準化は，10名程度の専門組織型の部門内で実施するならば，部門内で勉強会などを定期的に実施すれば事足りる．一方，複数の業務部門に対してこれらの情報を発信していこうとすると，技術・ノウハウ集や，分析プロセス資料を整備していくことが必要だろう．したがって，ハイブリッド型は，組織におけるデータ分析活動が，ある程度の規模であることが前提となる．

13.5 あなたの組織に適した分析組織形態

　これまでの議論をふまえて，あなたの組織には，どの分析組織形態が望ましいだろうか．ある程度の規模で分析が進められるようになれば，最終的には，ハイブリッド型の形態が望ましい．しかし，一足飛びにその形態に移るのは難しいだろう．奨めるのは，現在の組織形態を把握した上で，表13.1の✓マーク（優れている点）を順次増やしていくことである．これにより，次のどちらかのルートでハイブリッド型を目指せるだろう．

（1）専門組織型からハイブリッド型に進化
（2）埋め込み型からハイブリッド型に進化

　あなたの組織が，専門組織型の部門を立ち上げたばかりだとしよう．大学時代に統計や数理科学を勉強していた人材を集めた若葉マークの部門かもしれない．その場合にはまず，表13.1において，専門組織型が強みとする✓マークを増やすことを考えてみる．技術・ノウハウの共有をするために，例えば定期的な勉強会を企画するのもよいだろう．業務課題の解決力を強化するために，コンサルティングの基礎を学ぶのもよいだろう．分析作業を標準化し，駆け出しデータサイエンティストが道に迷わないようにするのも手である．
　専門組織型の分析組織が成熟してくると，次は専門組織型の弱みを克服する取組みを考える必要がある．業務理解のスピードや分析テーマ数の広がりにどう対応するか，である．それには，専門組織メンバーの業務知識を高めるというより

は，業務部門の分析力をどうやって高めるかを考えるのが効果的である．業務部門に対して，データ分析の技術・ノウハウ，分析作業の流れなどを伝えるように働きかける．座学だけではスキルを身につけるのは難しい，特に業務課題の解決力は，見て盗むことにより身につくことが多い．専門組織のデータサイエンティストが，業務部門の人と一緒に課題解決に取り組むことで，専門組織がもつノウハウを広く組織全体に展開していくことができる．

　専門組織型の弱みとして上げたことの1つに意思決定のスピードがあるが，これはどのように克服していけばよいだろうか．扱う分析テーマの数が増えてくると，意思決定に多くのステークホルダが関与するプロジェクトも現れる．この点の強化には，意思決定の体制が深く関わる（13.6節）．

　逆に埋め込み型からスタートし，ハイブリッド型に進化するケースについても，基本的には同じ考え方，つまり表13.1の✓マーク（優れている点）を順次増やしていくという考え方で進化できるだろう．これまでの議論を参考に考えてみてほしい．

13.6　意思決定の体制

　戦略的かつ継続的にデータを活用していく組織には，以下に挙げる役割が必要である．

（1）業務部門の責任者
（2）データ分析の責任者
（3）データ管理の責任者

　まず，それぞれの業務部門における責任者が必要である．例えばマーケティング部門であれば，CMO（chief marketing officer）と呼ばれることもある．業務部門の責任者は，その業務における業績に責任を持つため，データ分析により，その業務の業績がどれだけ改善するかどうかの視点で意思決定に関与する．

　データ分析の責任者は，「ビッグデータ分析」という新しいテクノロジーを，どのように組織の中に戦略的に取り入れていくかを，組織全体を俯瞰して意思決

定する(詳しくは15.7節「分析テーマの統治」で述べる).CAO(chief analytics officer)と呼ぶこともある.組織の形態が本章で述べた専門組織型もしくはハイブリッド型である場合には,CAOは分析専門チームのリーダーに該当する.高度な専門知識と豊富な経験が必要であり,社外取締役のように社外からCAOを迎え入れることもある.個別のデータ分析プロジェクトを成功に導くという責任もあるが,組織全体のパフォーマンスの観点で,時には他部門のプロジェクトを優先せざるを得ないときもある.組織の形態が埋め込み型の場合には,CAOの役割は,それぞれの業務部門の中に分散して埋め込まれる.マーケティング部門の中にあるデータベースマーケティング部のリーダーが1例である.埋め込み型においては,1番目のステークホルダ(業務部門責任者)と2番目のステークホルダ(データ分析責任者)の利害は一致しており意見の対立は起こりにくい.

3番目のステークホルダであるデータ管理責任者は,組織の重要な知財であるデータの管理に関して,組織横断的な責任を持つ.全社的なデータ管理者は,CDO(chief data officer)と呼ぶこともある.したがって,個別のデータ分析プロジェクトを成功に導くという視点で原則意思決定に関与するが,時には全体最適の観点でデータ管理を優先させざるを得ないときもある.日本国内では,CDOを置く組織はまだ多くはないが,海外では日本に比べるとCDOを置く組織は多い.Sunil Soaresは,書籍 *The Chief Data Officer Handbook for Data Governance*[3]で,CDOの役割,実施すべき活動について,データガバナンスチームとの関わりに焦点を当てて論じている.今後新たにCDOを置くことを検討される組織は,参考にされるとよいだろう.

現実には,CAOやCDOを任命している組織は,現在国内には少ないが,CTO(chief technology officer,技術経営に責任を持つ)やCIO(chief information officer,情報システムに責任を持つ)が兼務することもある.著者が見てきたお客様の中で,データ分析を有効活用できている組織においては,たとえCAO,CDOといった肩書きはなくとも,CAOはしいていえば誰だろうか,CDOは誰だろうかと考えたとき,具体的な個人の名前を思い浮かべることができる.

第14章 データサイエンティストの調達

　データ分析を戦略的に取り入れる組織形態が決まったら，次にデータサイエンティストを調達しなければならない．この章では，大学で学んできたり，実務の中で育ったデータサイエンティストをどのように調達し，活用したらよいか，経営者の観点で考えてみたい．

　データサイエンティストの調達について，著者らが見聞きした範囲では，以下のような可能性がある．

- 組織内部で育成する
- 外部から採用する
- 外部のサービスを利用する

　これらについて，個々の事例を紹介する．組織名は伏せてある．

14.1 組織内部での育成・転用

OJTによる育成

　A社では，社内の様々なデータ分析を行うために，情報システム部の中におよそ10名程度のデータ分析専門チームがいる．ここでは現場力を重視していて，現場の目線で使ってもらえるデータ分析を行うにはどうしたらよいかを常に考えている．人材は，例えば新卒社員を一からOJTで育成する．育成の内容は主にビジネス力，データサイエンス力であり，データエンジニアリング力については，IT関連子会社とチームを組む．

社内研究部門からの転用

　総合ITベンダーのB社では，社外に対してデータ分析サービスを提供している．このデータ分析チームの立ち上げにおいては，社内の研究部門のチームの1つをまるごとサービス部門に異動した．これによって，最先端のデータ分析技術をお客様に提供できる体制が整った．研究者からサービス・プロフェッショナルになった後も，研究所との人的交流は活発で，人材育成のためにサービス部門と研究部門の間で積極的なローテーションを行っている．

社員全員の底上げ

　データサイエンティストという専門家を育てるのではなく，社員全員のデータリテラシーを向上させる取組みを全社的に行っている企業もある．食品流通のC社では，社長以下全員がExcelによる基本的なデータ分析を習得している．これによって，社内に常にデータに基づく意思決定を行う文化が定着している．

14.2　外部からの採用

エージェント等の利用

　シリコンバレーのソーシャルネット大手D社では，200〜300名のデータサイエンティストがいて，全社の各部署に埋め込まれている．彼らはそれぞれの部署の「プロダクト」（サービスを構成するコンポーネント）の機能・性能をデータ分析を用いて向上させている．シリコンバレーにおいては，データサイエンティストは即戦力であり，データサイエンス力と共に，データ分析の結果をすぐにシステム構築につなげられるデータエンジニアリング力，プログラミング力を同時に求められる．この即戦力を得るために，必須スキルを細かく指定して，求人エージェントや個人のネットワークを使って積極的に採用を行っている．

学会・インターンシップの利用

国内ソフトウェアベンチャーのE社では，トップノッチのデータサイエンティストを採用するために，社員が著名な国際会議に参加し，優秀な学生・研究者に声をかけている．また，毎年インターンシップを実施し，有望な学生を採用している．

コンテストの利用

トップノッチのデータサイエンティストを探すまた別の方法として，コンテストの利用がある．金融機関F社では，Kaggle.comなどのコンテスト型のクラウドソーシング（発注者はデータ分析問題を提示し，もっとも精度の高い解を出したものが受注する）を用いて，優秀なデータサイエンティストを発掘し，採用につなげている．

14.3 外部サービスの利用

コンサルティングサービスの利用

社内にデータサイエンティストを置いたとしても，その人のキャリアパスを描きにくい，あるいはデータ分析をどのようにビジネスに活かしていくかのビジョンがまだ明確でない，などの理由で，社内に独自のデータサイエンティストを抱えることに二の足を踏む企業も多い．データ分析に力を入れ始めているG自治体の場合，最初はデータサイエンティストの採用に向けて動いたが，最終的にはコンサルティングサービスの利用に決定した．コンサルティング会社が持つ幅広いデータ分析ノウハウを期待してのことである．

🌐 大学等の利用

ビッグデータは研究対象としても注目されているが，大学の研究者には，現場に直結したデータが得られないことも多い．このため，データを持っているが分析のスキルのない企業と，スキルはあるがデータのない大学研究者とのコラボレーションがうまくいくことがある．建設機械メーカーのH社は大学との共同研究を通して社内データの解析を行っている．生のデータは大学へは開示せず，分析自体は社内で行って結果のみを開示し，それに対するアドバイスをもらう，という形で共同研究を進めている．このようにして，データの流出などのリスクを最小限におさえている．コンサルタントを雇うのに比べて大学との共同研究は安くつくが，その分目的意識が希薄になりがちな点には注意が必要である（「このデータを分析して何か面白いことを見つけてください」など）．

🌐 クラウドソーシングの利用

コンテスト形式で予測モデルのクラウドソーシングを行うWebサイトkaggle.comには情報科学，統計学，経済学，数学などの分野から全世界で30万人以上のデータサイエンティストが登録していて，多くの企業がビジネスに直結するデータ分析課題を投げかけている．GE社は，気象状況や航空路の制約などの条件下で，最適な航空ルート，高度，速度を計算する課題に，総計50万ドルの賞金を用意した．クラウドソーシングの利用には，kaggle.comのようなコンテスト形式のものを使うか（「最も高い予測精度」という結果によって最善のワーカーを選択できる），そうでない場合にはワーカーに対して，何らかのスキル認証が必要である．

14.4 プロジェクトチームの編成と運用

第2章で述べたように，データサイエンティストのスキルは個人によって得意分野と不得意分野がある．したがって，データ分析を行うには，必要なスキルセットがカバーできるチーム編成を行う必要がある．データ分析プロジェクトに

は，やってみないと結果が出るかどうかわからない，探索的な側面がある．プロジェクトが進むうちに，最初は想定していなかったスキルが必要になってくる場合もある．したがってプロジェクトチームの編成は，柔軟に行えるよう，また必要に応じて他プロジェクトの専門家が応援に入れるように手当しておく必要がある．データ分析スキルをコンサルティング会社など外部から調達する場合には，プロジェクトの局面に応じてそれぞれの分野専門家が対応できるというメリットもある．

14.5 継続的な研鑽とコミュニティの利用

　機械学習のアルゴリズムや，分散処理のプログラミングモデルなど，データサイエンティストが使う手法は日進月歩であり，常に新しい技術を習得し続ける必要がある．

　例えば，社内の複数の部門に多くのデータサイエンティストをかかえるI社においては，社内の技術コミュニティがあり，このコミュニティの中で最新の技術動向や適用事例の情報交換をすることで，継続的な研鑽に役立てている．また，データマイニング＋WEB@東京，データサイエンティスト協会木曜勉強会など，組織をまたがった勉強会が多く開催されていて，最新の動向に触れることができる．情報処理学会のビッグデータ活用実務フォーラムもこのような勉強会の1つであり，無料で参加できる．

　今後，データサイエンティスト協会が検討しているデータサイエンティスト資格認定制度ができれば，この資格を取得することも人材の継続的な育成に寄与することとなろう．

第15章 データ活用プロセスの構築

組織と人材がそろったら，次はデータ活用プロセスの構築である[1]．データ分析の結果をビジネスの意思決定につなげるために，データサイエンティストは，どの局面でどういう活動を行うべきだろうか．標準的な分析活用プロセスを組織で準備し，それを参照しプロジェクト毎にカスタマイズすれば，データサイエンティストによる分析の質とスピードが向上する．プロセスと併せて，主要なアウトプットの例や，気をつけるべきポイントなどが整備されていれば，併せて活用できる．特にまだ経験の少ないデータサイエンティストにとっては，その道しるべがあると手助けとなるだろう．

データ活用プロセスは，組織にとってインパクトの大きい分析テーマに資源を集中させるための判断にも活用できる．大きなインパクトが見込めそうだがデータが今は手元にない分析テーマや，一見興味深いが効果を試算するとインパクトが見込めないテーマもあるだろう．データ活用プロセスにチェックポイントを設定することで，組織が優先的に取り組む分析テーマの選択に活用できる．

著者は，データ分析に失敗する主なケースと，そうならないためのデータ活用プロセスについて論じている[4]．本章では，CRISP-DMに従ったデータ分析の活動をプロセスとして見たときに，組織としてプロセスを設計する上で欠かすことができない主な活動について，整理する．

15.1 4つのステップ

データ分析の活動は探索的であるため，データ分析の結果をビジネスの意思決定につなげるまでの活動を，段階的に進める必要がある．データ分析を業務プロセスに組み込むタイプのプロジェクトにおいては，(1) 構想，(2) 検証，(3)

---

1 ここでいう「プロセス」はデータサイエンティストがデータ分析プロジェクトを遂行する手順であり，データ分析を組み込んだ業務プロセス（現業部門が実施するもの）とは異なるので注意．

パイロット展開，(4) 本格展開準備・運用の4つのステップ（段階）で進めることが多い．本章では，データ活用プロセスをこの4つのステップに分けて説明する．各ステップでは表15.1に示した代表的な活動を行う．それぞれの活動について詳しく説明していこう．なお，ここではデータ分析を組み込んだ新しい業務プロセスを現場に展開するタイプのプロジェクトを想定している（単発のデータ分析を用いて意思決定するタイプのプロジェクトでは，最初の2つのステップで終了する）．

表15.1　データ活用プロセスの主な活動

ステップ	主な活動
(1) 構想	分析テーマの設定
	分析の基本方針策定
	データの確認
	分析計画の策定
(2) 検証	データと分析環境の調達
	データ分析の実施
	価値の明確化
	新業務の概要設計
	展開計画の策定
(3) パイロット展開	ステークホルダとのコミュニケーション
	評価指標の策定
	パイロットの実施と評価
	アウトプットの調達
(4) 本格展開準備・運用	新業務プロセス設計
	モデルの実装とメンテナンス
	データの整備
	チェンジマネージメントの実施
	システムによる自動化

15.2 構想ステップ

このステップでは，(1) 解く問題が何で，それは解くに値するか，(2) どうやって解くのか，(3) データはあるのか，(4) どのような活動計画で進めるのか，という問いへの回答を検討し，分析活動の構想書にまとめる．この構想ステップでは，原則データ分析作業を行うべきではない．机上で検討し，解くに値しそうだ，解けそうだ，と客観的に思われる構想書を作る．構想書を作ることで，プロジェクトに関わるステークホルダの間で，ベクトルを合わせて分析作業に入れる．第1章で，食品を扱う架空の会社のプロジェクトについてのストーリーを示した．以下では，このストーリーを使って，各活動について説明する．

分析テーマの設定

解く問題が何でそれは解くに値するか，を明らかにする．1章で述べた食品を扱う会社の例では，下記が分析テーマ設定のポイントである．

- **受益者**：食品を扱う会社
- **ビジネスの目的**：賞味期限切れで廃棄する商品のコスト削減
- **解くに値するか**：廃棄を5％減らせれば，年間○億円のコスト削減が見込める
- **データ分析で解く問題**：特定商品に対して，10日先時点での販売数累積を予測する
- **対象商品**：新発売品と既存品の両方

この後述べるすべての活動が，この活動を起点に始まる．これから解こうとする問題の本質を見極める大切な活動である．

分析の基本方針策定

設定した問題がデータ分析で解けたとすれば，組織にとって有益なことはわ

かったが，この問題は解けるのか，またどうやって解くのか．この問いに答えるのが，分析の基本方針策定である．データサイエンティストの知識と経験をフル動員して解き方を考えてまとめる．最終的に行きついた解き方は1つかもしれないが，そこに行きつくまでに，データサイエンティストは，様々な手法を頭の中で吟味し取捨選択を繰り返す．こういった机上での精査は，データ分析作業をするよりも，高いスキルが求められる．近くに頼りにできるデータサイエンティストがいれば相談に乗ってもらい，より洗練された基本方針を策定するとよい．第1章の食品を扱う会社の例では，回帰とクラスタリングを用いて基本方針を策定した．

データの確認

分析の基本方針が決まったとして，必要なデータは手に入るのかどうかを確認する．主要なデータについて，テーブル定義書やサンプルデータを確認し，データは紐づくか，データの数は足りているかを確認する．仮に，顧客に関してデータを紐づけるIDがないために，名寄せ（氏名や住所などから同一顧客を特定する作業）が必要になるとすると，データ分析の作業量が大幅に増える．このように，分析活動を進める上でのリスクを精査する視点でデータを確認する．

データサイズの規模感も重要な確認ポイントである．PCで扱える規模なのか，サーバー機のデータベースで処理すべき規模なのか，あるいはビッグデータを扱える分析基盤の手配が必要になるのか．データサイズによって，データ分析作業に着手するまでの準備の時間が大きく変わるからである．

分析計画の策定

これまでの活動をふまえて，分析計画を策定する．作業内容，作業スケジュール，体制を計画する．策定した計画は，経験が豊富なデータサイエンティストに，作業のもれがないか確認してもらい，有益な指摘は計画に反映するとよい．

15.3 検証ステップ

このステップでは，前ステップで作った構想書の実現性と有効性を，データを使って検証する．そして新しい業務の姿を描き，ゴールまでのマスター計画を作成する．構想書の実現性を検証する活動が，データ分析の技術を最も駆使する活動である．

 データと分析基盤の調達

データ分析に取りかかる前に，分析で対象とするデータにアクセスし分析できる環境を調達する必要がある．分析基盤を管理しているチームがいる場合には，分析基盤へのアクセス権を発行してもらい，分析ツールのライセンスをもらえば，すぐにでも分析に着手できる．しかし，現実には，分析基盤とその中のデータが整っていないケースも多い．その場合には分析基盤の構築とデータの収集に多大な労力を使うことになる．データと分析基盤調達の可能性については，前ステップで分析計画を策定するときに，確認しておくべきことである．

 データ分析の実施

ここからいよいよ，データに触れて分析する活動が始まる．構想ステップで策定した分析の基本方針に従って，本書の第2部で述べた手法を駆使しながら，具体的な分析活動を実施する．CRISP-DMにおける，データの理解，データの準備，モデリングが主な活動である．

● データの理解

データの理解では，データ項目（変数）毎に，データの意味，品質，傾向を理解し，そのデータ項目を後続のモデリングで使えるかどうかを吟味する．このために，本書の第2部で述べた，統計量，外れ値，欠損値の割合，分布，相関図などの可視化の手法を駆使する．欠損値が多すぎる，あるいはデータの意味から判断して適切でない値が多すぎる（例：年齢の変数に100歳以上の値が

多数ある）などが見られる場合，後続のモデリングでそのままでは使えそうにないと判断する．

●データの準備

データの準備では，後続のモデリングで使えるように，オリジナルのデータを加工する．データセット，つまりモデリングの対象となるレコードの集まりを作るのが，データ加工の1つである．例えば，東京都に住む顧客について分析するのであれば，1レコードが1顧客，レコード全体は東京在住顧客から構成されるデータセットを作成する．目的変数，説明変数といった変数の作成もデータ加工の1つである．変数を作成する過程で，オリジナルデータの品質に問題があるときに行うデータクレンジング（欠損値や外れ値への対処）もデータ加工の1つである．

有望な説明変数を見つけることは，探索的な活動である．ビッグデータの時代，「仮説に頼るな」と主張する論者もいるが，説明変数の作成に仮説を使わないのは，一概には賛成できない．1つ目の理由は，レコードは多いがデータ項目（変数）の数が少ないケースだと，仮説がないと意味のある変数を作れないからである．著者は，クルマのプローブデータ（定期的にクルマから集められるデータ）を使ってクルマの乗られ方の分析を実施した経験がある．変数は，緯度，経度，日時，車速など，高々1桁個の変数しかない．この少ない変数を機械的に演算しても意味のある変数は作り出せないだろう．しかし仮説を使うと，運転スタイルや乗り方を識別できる変数を作れる．2つ目の理由は，予測精度の高いモデルを作りたい場合には，限られた時間で結果を最大化するために，使える仮説を使わないのはナンセンスである．よって現場のキーパーソンにインタビューをして，最大限仮説を集め，予測精度に寄与しそうな仮説から順番にロジックを実装する．それと併せて必要があれば，機械的に説明変数を作成するアプローチも試みればよい．

●モデリング

モデリングでは，本書の第2部で述べた様々な手法を活用して，データの中にある構造（モデル）を明らかにする．データの準備で作成した変数を使って，構想ステップで作成した分析の基本方針に従ってモデルを作成する．最初は

いったんシンプルなモデルを作成する．しかし多くの場合，それだけでは現実的に使えるモデルにはならない．変数の工夫，手法の工夫という2種類の試行錯誤を繰り返し，モデルを洗練化させていく．変数の工夫とは，データの準備に戻って新しい説明変数を作成する活動である．データの準備とモデリングの活動は，何度も行き来する．一方，手法の工夫とは，回帰分析をするとしても，線形なアルゴリズム，非線形なアルゴリズムと複数のアルゴリズムを試す活動が1つ．それから前処理でクラスタリングをして，クラスタ毎にモデルを作るといった，前処理，後処理の工夫がある．

　変数の工夫と手法の工夫をどう作業に落とせばよいだろうか．経験的には，良い変数を見つけられなければ，いくら手法を工夫しても，モデルの性能はたいして良くならない．したがって，限られた時間の中で分析し結果を出すためには，活動の前半は変数の工夫に時間をかけ，活動の後半で手法の工夫に時間をかける．時間配分についても，変数の工夫に70％，アルゴリズムの工夫に30％などの作業工数の目安を持って進めるとよい．

価値の明確化

　データ分析により，何がどの程度良くなるのかを示さないと，意思決定者は業務への展開を判断できない．そのために，データ分析を本格展開したときに得られる効果を試算する．効果ロジックを構築し，必要な基礎データ（顧客数，人件費など）を集めて試算する．多くの場合，試算にあたり前提が必要となる．例えば，作業員の人件費を全国一律○○円とする，などである．効果試算においては，試算した効果の信憑性を示すために，前提を明確にしておくことが重要である．

　分析テーマの中には，売上，コストといった財務上の数字に効果を換算しにくいケースもある．例えば，顧客満足度に貢献する分析テーマなどがそれにあたる．この場合は，データ分析の結果が顧客満足向上につながることが客観的に理解できるような説明を準備する．そして，顧客満足度向上の程度を数字に換算し，効果を示す．

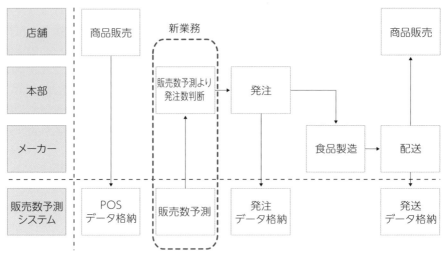

図15.1　新業務の概要

 新業務の概要設計

　データ分析を業務プロセスに組み込むタイプのプロジェクトでは，新業務を本格展開したときに，これまでの業務がどう変わるのかを業務フローなどにより描く．この段階では，詳細なステークホルダや役割の定義までは描く必要はない．データ分析を展開することで，新しく発生する仕事，変わる仕事が，部門レベルの単位で描けていればよい．第1章で紹介した食品販売会社の例だと，例えば図15.1のように新業務を描く．

 展開計画の策定

　本格展開までのマスター計画と，次ステップの活動計画を作成する．マスター計画にどういう活動を記載すれば，抜け・もれのない計画をつくれるだろうか．ゼロから考えるのは，意外と大変である．この後の，パイロット展開ステップ，本格展開準備・運用ステップで述べる内容が，マスター計画を作る上でのガイドとなるだろう．

15.4 パイロット展開ステップ

このステップでは，本格展開を実施する前に，地域や商品を限定した部分展開を実施することで，(1) 業務で効果が得られること，(2) 業務の現場で機能すること，の2点を確認する．このステップは，本格展開準備・運用ステップの一部として実施することもある．

 ステークホルダとのコミュニケーション

検証ステップで得たデータ分析の結果をビジネス上の意思決定につなげるために，まず必要なことは，ステークホルダとのコミュニケーションである．最も重要なステークホルダは，データ分析の利用部門であろう．利用部門の中には，現場の利用者立場の人，管理職の立場の人，トップマネージメントの人と，立場の違うステークホルダがいる．また利用部門以外の重要なステークホルダには，データを提供する人が挙げられる．

ステークホルダを洗い出して，彼らとのコミュニケーションを進めるために，コンサルタントがよく使うツールに，**ステークホルダマップ**がある（図15.2）．

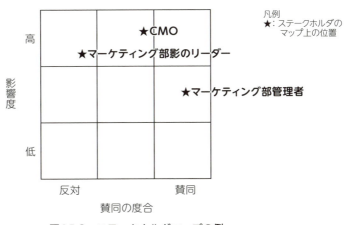

図15.2 ステークホルダマップの例

データ分析活用への賛同の度合とプロジェクトの成功への影響度の度合の2次元のマップを作り，リストアップした各ステークホルダがマップ上のどのポジションに現在位置しているのかを把握する．そしてプロジェクトを成功させるために，誰にどのポジションに移動してもらうべきかを検討する．そして，それに必要なコミュニケーション計画を作成する．データサイエンティストは，こういった関連業界のツールについても，知識を深め，使いこなすスキルを磨くべきである．

 評価指標の策定

ここでは，パイロット展開がうまくいったかどうかを評価するための評価指標を決める．評価の視点は，（1）業務で効果が得られるか，（2）業務の現場で機能するか，の2つである．この2つの視点で評価するための評価指標を，具体的に計算可能な式として定義する．もし評価指標を計算するための変数を計測できそうにない場合には，それに類似する代替指標を定義し使う．評価指標による定量的な評価と併せて，ステークホルダへのインタビューの結果を，定性的な評価としてまとめるとよい．

 パイロットの実施と評価

パイロットでは，データ分析の結果を，地域や商品を限定して展開する．そしてその活動を，先に定めた評価指標によって評価する．パイロットでは，従来通り業務を行うグループと，データ分析を活用して業務を進めるグループを作り，一定期間後のグループの成績を比べる実験を行う方法がよく用いられる．この実験の結果は，意思決定者である上位マネージメントと現場の賛同を得るための重要なアウトプットとなる．

 アウトプットの調整

データサイエンティストが導くデータ分析のアウトプットは，沢山の数字で満ちていることが多い．例えば商品販売数予測のアウトプットは，予測販売数，そ

の振れ幅を示す上限値，下限値，そしてそれらを計算するために仮定した各種前提条件など，様々な数字で満ちている．それらの数字をすべて示しても，現場の人たちがそれを活用できるとは限らない．もしかしたら，販売数の予測について，アップ，フラット，ダウンの3択で示すシンプルな情報提示で，現場にとっては十分かもしれない．データ分析の結果を活用し現場の人々が新しい洞察を得られるように，アウトプットの見せ方や見せるタイミングなどを，現場の方々の意見を聞いて調整する．

15.5 本格展開準備・運用ステップ

地域や商品を限定して実施したパイロット展開を，本格展開に広げるには，それなりの準備が必要になる．このステップは，本格展開に向けて準備する活動と，本格展開後の運用についての活動についてである．主な活動は，(1) 本格展開時の業務を運営するためのプロセス設計，(2) 運用で使う分析モデルの実装と，運用後のモデルのメンテナンス，(3) モデルに最新データを投入するためのデータ整備，(4) 新しい業務を定着化させるためのチェンジマネージメント，そして(5) 新業務の中で自動化が必要な部分についてのシステム設計・構築である．

新業務プロセス設計

データ分析の結果を日々の業務で定常的に使うために，各役割の人がどのように連携するかを描いたものが新業務プロセスである．構想ステップで描いた新業務プロセスの概要を，役割の記述や体制の構築も含めて，本ステップで詳細化する．新業務は，いくつかの業務から成るが，それらは図15.3に示す3つに分けて考えるとよい．

データ利用プロセスは，データ分析の結果を利用する業務に関するプロセスである．食品を扱う会社における販売数予測について描いた新業務の概要（図15.1）では，店舗，本部，メーカーが業務に関わる．それぞれのステークホルダの業務を詳細なレベルで記述する．商品の発注数を決めるといった，日常的な運用業務と併せて，業務の改善状況をモニターするといった管理の業務も必要にな

```
┌─────────────┐  ┌─────────────┐  ┌─────────────┐
│ データ利用    │  │ データ分析    │  │ データ整備    │
│ プロセス      │  │ プロセス      │  │ プロセス      │
│             │  │             │  │             │
│ データ分析結果を│  │ データ分析を実施│  │ データ分析で利用│
│ 利用する業務に関│  │ する業務に関する│  │ するデータを提供│
│ するプロセス   │  │ プロセス      │  │ する業務に関する│
│             │  │             │  │ プロセス      │
└─────────────┘  └─────────────┘  └─────────────┘
```

図15.3　本格展開時の3つの新業務プロセス

るだろう．

　データ分析プロセスは，新業務で分析モデルを継続して利用できるようにするために，データ分析を実施する業務に関するプロセスである．本格展開した後に，モデルの劣化をモニターする業務，必要に応じてモデルをメンテナンスする業務，メンテナンス後の新しいモデルをリリースする業務などが含まれる．

　データ整備プロセスは，データ分析により作った分析モデルに投入するデータを，提供する業務に関するプロセスである．例えば，データ発生源でデータ入力の運用が変わった場合，分析モデルに影響を与えずに対処できる場合は，データ整備プロセスで対処する．また，モデルのメンテナンスのタイミングで，もしモデルに新しい変数を追加する場合，その変数についてのデータ整備業務は，このプロセスに含まれる．

 モデルの実装とメンテナンス

　検証ステップで作ったモデルを基に，本格展開で用いるモデルを実装し，本格展開後はそれをメンテナンスする．分析モデルは，一種のソフトウェアプログラムである．実用に使うモデルには，それなりに複雑なロジックが実装される．人への依存を少なくするために，仕様書の作成，コメントの付与，コーディング規約の作成など，通常のソフトウェア開発で実施するソフトウェアエンジニアリングの活動は実施すべきだろう．Donnie Berkholzは記事 "*What can data scientists learn from DevOps?*" [5] の中で，データサイエンティストの多くは，統計などのバックグラウンドを持つ出身者が多く，ロジックの実装は得意だが，ソフトウェアエンジニアリングの知識には乏しいと指摘する．データサイエンティストで

あっても，ソフトウェアエンジニアリング全般の知識は持っておくべきであろう．

また一般的にソフトウェア開発では，開発人口が多いJAVA，Cなどの言語を選択する，また可視性が高く構造化しやすい言語や開発環境（JAVAの統合開発環境Eclipseなど）を選ぶなどが，行われる．分析モデル設計・構築においても，同じ考えは取り入れていくべきであろう．商用であれば，IBM SPSSやSASが広く普及している．フリーのツールであれば，RやPythonなどがメジャーなツールであろう．データ分析が組織に浸透していくにつれて，開発の効率性についての重要度が増していく．組織として，メジャーなソフトによる標準化を検討すべきだろう．

D. Sculleyらは論文 "Machine Learning: The High-Interest Credit Card of Technical Debt" [6] で，機械学習のソフトウェアは，ロジックをデータ特性から分離して抽象化するのが難しく，複雑なブラックボックスとなる傾向があると指摘している．メンテナンスを続けるにはやっかいな問題である．対策のヒントとしては，分析モデルとはそういう特徴をもつものということを理解し，仕様書の作成，コメントの付与などのソフトウェアリングを十分実施すること，また余裕をもったモデルメンテナンス作業の計画を立てることであろう．

モデルには賞味期限がある．つまり，モデルを作ったときのデータが徐々に古いものになり，時間の経過と共に予測精度が落ちていく．したがってモデルのメンテナンスと呼ぶモデルを作り直す活動が求められる．モデルをメンテナンスするタイミングを調べるために，モデルを定期的に評価する．評価の方法としては，モデルが出力する予測値と実測値との比較を数値化し，モデルを作った時点からその数値がどのように変化しているのかをモニターする．この活動により，モデルの劣化を特定し，モデルを再作成する．

モデルの賞味期限を特定するために，通常はこの方法をとるわけだが，モデルから予測値を計算した時点と実測値を入手できる時点までに時間差がある場合がある．例えば，商品の成約を予測するモデルを作成し運用しているが，顧客が商品を成約するまで半年前後かかる商品の場合，成約という実績データを入手するまでに半年待つ必要がある．その場合，上記のモデル評価方法では，時間がかかりすぎる．その場合は代替の手法として，分析モデルに与える入力データ（説明変数）の特性の変化を調べる．影響力の強い説明変数において，特性の変化が見られるなら，モデルが劣化している可能性が高いと考えたほうがよい．

データの整備

　本格展開に向けて，最新データをモデルに投入できるようにするためには，データの置き場所（ここではターゲットと呼ぶ）を準備し，そこにデータソースからデータを定期的に流し込むという，データ整備の活動が必要となる．ターゲットの準備は，データウェアハウスやデータマートのデータモデルの設計，あるいはHadoopのファイルシステムの所定の場所を決めるという活動である．そこにデータを流し込む活動は，データソースからデータを抽出し，ターゲットに入るようにデータを変換し，ターゲットにデータをロードする活動であり，一般には，抽出（Extract）・変換（Transform）・ロード（Load）を表す英語の文字からETLと呼ばれる．

　データの管理者がいる場合，このデータ置き場の準備とデータの流し込みは，データ管理者に任せたほうが，データを管理する観点で好ましい．特定のプロジェクトを担当する者がこのデータ整備を実施すると，組織のデータアーキテクチャーを壊してしまう可能性があるからである．

　データ管理者に任せる場合，データサイエンティストとデータ管理者との間で計画を共有・合意し活動を進める．まずデータ整備の活動は，データサイエンティストからデータ管理者に，どういうデータがいつのタイミングで必要かをリクエストすることから始まる．データ管理者は，第16章で述べるデータ管理ついて定めた活動に従って，データ整備の計画をデータサイエンティストに返す．データサイエンティストは，回答された計画を基に本格展開に向けた計画に反映し，本格展開に向け準備を実行する．一方，データ管理者は，回答した計画に従って，データの整備を進める．つまり，データを使う側と提供する側が，同じ計画を共有して準備を進めるのである．

 チェンジマネージメントの実施

　人間は大抵，変わることに抵抗するものである．そのため現場は，データ分析を使った新しい業務を受け入れようとしないことがままある．いったん使い始めたとしても，何もしないと，やがて使わなくなる．**チェンジマネージメント**とは，この抵抗を克服し変革を現場に浸透させる方法である．トップのリーダーシップ

の下で，変革の必要性を現場のメンバーに説き，彼らを動機づけるために，繰り返しコミュニケーションを図る．これは時間のかかる活動である．本格展開に向けて，ユーザーである現場とのコミュニケーション計画を作成し，コミュニケーションを開始する．現場から寄せられる問題点をプロジェクトチームで吟味し，改善策を現場に向けて発信する．業務マニュアルを整備すると共に，新業務に関するQAオフィスを開設することも必要だろう．本格展開の後も，チェンジマネージメントの活動は継続する必要がある．運用して初めて明らかになる問題もあるからである．それらの問題に対して，改善策を検討し，改善情報を現場に発信していく．おそらく現場からは，相反する問題指摘が寄せられることだろう．両方の問題を同時に解決できないような状態である．しかしプロジェクトチームは，最善の解決策を見出していく必要がある．また本番展開後も，トップは改革の重要性についてメッセージを定期的に発信していく必要がある．

システムによる自動化

データ分析を本格展開し業務の中で運用していくために，業務の一部自動化が必要になるだろう．そこで，どの業務を自動化すべきかを，図15.4に示す3つに分けて記述した新業務プロセスの中から特定する．図中の3つのプロセスについて，どのような代表的な自動化のポイントがあるか考えてみる．

図15.4 業務の一部自動化のイメージ

データ利用プロセスにおける代表的な自動化のポイントは，分析の結果をエンドユーザーに使いやすく提供するための，ユーザインタフェースを伴うシステムの開発である．商品の販売数予測のケースだと，商品毎に過去の販売数実績と将来の販売数予測を1つの画面で見たくなる．BI(business intelligence)アプリケーションパッケージなどを利用し，使いやすいユーザインタフェースを提供するとよい．もう1つの自動化ポイントは，管理の業務を効率化するための，業務改善を測る評価指標の自動算出と，マネージメントに報告するレポートの自動作成である．

　データ分析プロセスにおける代表的な自動化のポイントは，最新のデータをモデルに投入し結果を得る処理を，定期バッチ処理化することであろう．データ分析のツールには，これらのバッチ処理実行の機能を提供しているものが多いため，これらのツールを活用するとよい．

　データ整備プロセスにおける代表的な自動化のポイントは，データソースから最新データを抽出し，変換した後にデータレポジトリーにロードするETL処理であろう．SQL等の言語を使って処理手順を記述する方法と，ベンダーが提供するETL専用ツールを利用する方法がある．

15.6　スキルを加味したデータ活用プロセスの再整理

　ここまでに，データ活用プロセスを設計する上で欠かすことができない代表的な活動について述べてきたが，それぞれの活動に求められる主要なスキルは異なる．図15.5では，スキルの視点で，データ活用プロセスの活動を，ビジネスバリュー，アナリティクス，データ整備の3つに整理した．このように活動を必要スキルに分けて整理しておくことで，データ分析プロジェクトの推進体制を検討しやすくなる．

　1つ目のビジネスバリューは，本書の第1部で紹介したデータサイエンティストに求められるスキルの中で，ビジネス力，つまり課題背景を理解した上で，ビジネス課題を整理し，解決する力が特に求められる活動である．データサイエンティストの代わりに，データ分析についての基本的な知識・経験を持ったビジネスコンサルタントがこの活動を担うこともある．

15.6 スキルを加味したデータ活用プロセスの再整理

CP1, CP2, CP3：ステップ移行のチェックポイント

		CP1	CP2	CP3	
		構想	検証	パイロット展開	本格展開準備・運用
ビジネスバリュー		・分析テーマの設定 ・分析計画の策定	・新業務の概要設計 ・価値の明確化 ・展開計画の策定	・ステークホルダとのコミュニケーション ・評価指標の策定 ・パイロットの実施と評価	・新業務プロセス設計 ・チェンジマネージメントの実施 ・システムによる自動化
アナリティクス		・分析の基本方針策定	・データ分析の実施	・アウトプットの調整	・モデルの実装とメンテナンス ・システムによる自動化
データ整備		・データの確認	・データと分析環境の調達		・データの整備 ・システムによる自動化

図15.5 スキルを加味したデータ活用プロセス整理

2つ目のアナリティクスは，データサイエンス力，つまり統計学，情報処理，人工知能など，データ分析に必要な手法を理解し，使う能力が特に求められる活動である．特に構想ステップ，検証ステップにおいてこの力が重要となる．ステップが本格展開準備・運用に移ると，データエンジニアリング力，つまりデータサイエンスを意味のある形で使えるように，システムを設計，実装，運用する能力が併せて重要になる．

3つ目のデータ整備の中心的活動は，データの置き場所を整備しそこにデータソースからデータを定期的に流し込む活動であり，それにはデータエンジニアリング力が求められる．もしこの活動をデータ管理者に任せられる場合には，データ整備の活動は，データ管理者との計画調整の活動にとどまる．

15.7 データ活用プロセスに基づく分析テーマの統治

　組織の中で複数の分析テーマが推進される状況においては，見込みのないテーマが長期間推進され続ける，そこで優秀なデータサイエンティストが単なる便利屋として長らく使われる，また似通ったテーマが別のプロジェクトとして推進されている，といった状況が発生する．組織の資源であるデータサイエンティストを有効活用し，データ分析による効果を高めるためには，特に専門組織型やハイブリッド型の組織形態をとる場合には，分析テーマの統治（ガバナンス），つまり分析テーマの優先順位見直しや統廃合について考える必要がある．これは13.6節で述べたCAOの役割である．

　Michele Chambersらは著書 "*Modern Analytics Methodologies—Driving Business Value with Analytics*" [1] で，組織は独自のアナリティクスロードマップを持つべきであると論じている．アナリティクスロードマップとは，ビジネス戦略の達成に貢献するためのデータ分析テーマ全体に関する長期計画である．分析テーマを統治する活動は，このアナリティクスロードマップを作成し，維持していく活動であるといえる．

　これまで述べてきたデータ活用プロセスは，この分析テーマの統治の目的にも活用できる．つまり，データ活用プロセスを構成する4つのステップを移行するタイミングで，プロジェクトを評価し，プロジェクトの継続を判断する．例えば，大きなインパクトが見込めそうだがデータが今は手元にないために期待したインパクトを出せない分析テーマについては，いったん活動をストップする．また，一見興味深いが効果を試算するとインパクトが見込めないテーマについては，継続実施の優先順位を下げる．図15.5に示したデータ活用プロセスにおいて，ステップ移行のチェックポイント（図中のCP1, CP2, CP3）で確認すべき内容について，表15.2に整理した．この内容を使って，ステップ移行のタイミングでプロジェクトを評価するとよい．

表15.2 データ活用プロセスのステップ移行時に確認すること

確認するポイント	主な確認事項
CP1 (検証ステップへの移行)	・分析テーマが定義され，それは解くに値する ・分析テーマを解くための基本方針が示されている ・データと分析基盤が，分析着手可能な状態であることを確認済み ・分析計画が立てられている
CP2 (パイロット展開ステップへの移行)	・分析テーマを基本方針に従って解けることが，データを使って検証できている ・分析テーマの有効性が効果として示されている ・本格展開までの計画が策定されている
CP3 (本番展開準備・運用ステップへの移行)	・業務で効果が得られることが，パイロット活動で確認できている ・業務で機能することが，パイロット活動で確認できている

第16章 分析基盤の整備とデータの管理

　組織の中では複数のデータ分析プロジェクトが進むわけだが，これらの分析活動を支えるために，分析基盤の整備とデータの管理を行う必要がある．分析基盤とは，データを蓄えて分析するためのハードウェアとソフトウェアの構成である．ビッグデータを扱う時代に，どのような分析基盤を整備すべきかについて本章で考える．一方，データは分析基盤の中に投入されるものである．複数のデータ分析プロジェクトがデータにアクセスする状況を想定したとき，データをどのように管理するかについても考える．本章で述べる内容は，1つひとつの分析プロジェクトとは独立した活動であり，複数の分析プロジェクトを支える活動であることに留意していただきたい．

16.1　ビッグデータ時代の分析基盤

　ビッグデータを扱わなかった時代の分析基盤は，データをRDB（relational database）に格納し，そこに分析ツールでアクセスするという比較的シンプルな形であった．ビッグデータの時代になり，これまでとは扱うデータの特徴が変わった．ビッグデータの特徴は，3つのV，つまりVolume（量），Velocity（速度），Variety（多様性）で説明されることが多いが，各Vは，超大規模なデータ，とにかく高速な処理が必要なデータ，構造化されたデータと非構造なデータが混在するデータを表している．このような特徴を持つデータをうまく処理するために生まれてきた代表的な技術として，大量のデータを溜めて処理するApache Hadoop，SQLを専用プロセッサで並列処理する専用アプライアンス，流れてくるデータをメモリ内で高速処理するストリームコンピューティングがある．これまでの汎用的なRDBと異なり，これらの技術は，特定のタイプの処理において威力を発揮する．

Hadoop

　超大規模なデータを処理したいという要求からHadoopは生まれた．Hadoopは，大規模データの分散処理を可能にするソフトウェアフレームワークMapReduceと，大規模データを複数の計算機に分けて格納する分散ファイルシステムHDFSにより構成されるソフトウェアである．多数の計算機を使うことで，ペタバイト級のデータの処理も可能である．また比較的安価な計算機が使えるため，容量あたりの単価を安く抑えられるメリットがある．一方で，リアルタイム処理には向かない，データの更新は苦手，計算機間でのデータ移動が多い処理には適さない，といったデメリットがある．最近は，HadoopのMapReduceのソフトウェアフレームワークを踏襲しつつ，インメモリー技術を利用し処理の高速化を実現するApache Sparkが登場している．

専用アプライアンス

　データ分析を高速に実施したいという要求から，専用アプライアンスと呼ばれる製品が現れた．IBM社のPureData System for Analytics（旧Netezza）や，Oracle社のExadataなどがそれに該当する．これらの製品は，格納済みのデータの処理を格段に高速に実行できる．データ分析のトライ＆エラー作業を，思考を止めることなく，かなり快適に実行できる．一方，専用アプライアンス製品の多くは，データ更新は苦手としているケースが多いようである．また容量あたりの単価はHadoopに比べると高くなる傾向にある．

ストリームコンピューティング

　リアルタイム処理への要求から**ストリームコンピューティング**が生まれた．ストリームコンピューティングは，データをストレージに書き込まず，次々と流れてくる大量のデータをメモリーの中でリアルタイムに処理する技術である．IBM社やSAP社をはじめとし，各種ITベンダーが製品を提供している．これまでの説明でおわかりのように，データはどんどん捨てられていくため，溜めて分析する処理には適さない．

ビッグデータ時代のリファレンスアーキテクチャー

ビッグデータ時代の分析基盤を構成する技術は，特定のタイプの処理において威力を発揮すると述べたが，それらをどのように組み合わせたら，様々なデータ分析プロジェクトを支えることができるだろうか．著者は，検証済みのリファレンスアーキテクチャーに従うことを奨める．

Mandy Chessellは，講演 "Big Data Reference Architecture #1—Enhanced 360 degree view of the Customer"[7]でビッグデータを活用するためのリファレンスアーキテクチャーを紹介している．このようなリファレンスアーキテクチャーのポイントを図16.1にまとめた．図の左から，センサデータ等の動き続けるデータ，基幹システム等に保存されているデータ，システムログや画像などの様々な形式のデータが送られてくる．溜めるデータは，直接，もしくはデータの収集処理を経て，ランディングエリアに蓄える．ランディングエリアは，データを大量に溜めておく場所である．そのため，ランディングエリアには，Hadoopなどの技術を

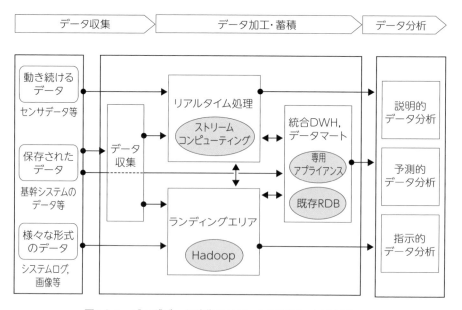

図16.1　ビッグデータ時代のリファレンスアーキテクチャー

採用するとよい．容量あたりの単価が安いため，大量に溜めても，経済的にも安心である．ランディングエリアに溜めたデータは，1次加工をした方がデータ分析に活用しやすいケースが多い．例えば，システムが吐き出すログデータからエラー発生時のログ情報だけ抽出する処理などが，1次加工の例である．こういった1次処理をバッチ的に実行し，統合DWH（データウェアハウス）やデータマートに格納する．データ分析の試行錯誤を快適に実施するには，統合DWHやデータマートには，専用アプライアンス製品の活用が望ましいが，経済面で従来のRDBで構成してもよい．一方，処理スピードが求められるデータは，図中のリアルタイム処理に送る．ここにはストリームコンピューティングの技術を使うとよい．データの特性に応じて，これらランディングエリア，リアルタイム処理，統合データウェアハウスとデータマートのいずれかにあるデータに対して，図の右側にあるデータ分析ツールからアクセスする．

16.2 データ管理

データが管理されないことにより起こる混乱

　複数の分析プロジェクトで共通に使うデータが管理されていないと，どのような混乱が起きるだろうか．簡単にいうと，データ分析を行うデータサイエンティストが，データをかき集めるために奔走するが，幾多の障壁があり，分析を開始する前に多大な時間と工数を使わなければいけないという状況が起る．具体的な例を交えて説明する．

　組織の持つデータの一覧をきちんと管理している組織は少ない．多くの場合，使えそうなデータがどこにあるのかを，人づてで探すところから始まる．目当てのデータが基幹システムにあったとしよう．なんとかそのシステムからデータを取得したい．基幹システムの管理者を探し，日常業務に支障をきたさないようにデータをもらう折衝を管理者と行う．場合によっては，データをもらうことを断られるかもしれない．

　あなたはマーケティング部門に所属するデータサイエンティストで，欲しい

データは商品開発部門が保有しているとする．あなたは，商品開発部に対して，データ提供のリクエストをする．相手が快くデータ提供してくれればそれでよいが，いつもそうとは限らない．なぜなら，商品開発部にとっては，マーケティング部門にデータを提供するメリットがないからである．このような組織間の力学により，データ提供を断られることもある．

データサイエンティストが分析プロジェクト毎にこのようなデータ集めに奔走していると，あまりにも時間と労力がかかりプロジェクトがペイしない．また複数プロジェクトで同じデータを集めるといった組織としての無駄も発生する．

 データの管理に求められること

こういった混乱が起きないように，複数の分析プロジェクトで共通に使うデータを管理していくことにしたとする．このとき，データ管理に対して，ステークホルダは何を求めるだろうか．代表的なステークホルダである，データサイエンティスト，データ管理者，データ分析結果の利用者に関して考えてみる．

第1のステークホルダであるデータサイエンティストの仕事は，有意義な洞察を導くための良い分析モデルを作ることである．そのためには，様々な種類のデータを試してみることが必要となる．例えば新しい社外のデータが有用そうだとわかったら，早期にそれが分析基盤にロードされることを要望するだろう．また，本番展開した後の分析モデルをメンテナンスするタイミングで，予測精度向上につながる新しい種類のデータを試してみたくなるかもしれない．つまり，データサイエンティストは，必要なデータが必要なタイミングに，分析基盤にあることを求める．

第2のステークホルダであるデータ管理者の仕事は，複数のデータサイエンティストが使うデータを整理された状態に管理することである．複数のデータサイエンティストが複数のデータソースにアクセスするというこの「たすき掛け」構造の規模は，時間の経過と共に大きくなる．データ管理者は，それぞれのデータサイエンティストからの要求に，その都度応えるような対応を続けると，データを入れた分析基盤はたちまちゴミ箱状態になりかねない．トーマス・C・レドマンは著書『戦略的データマネジメント』[8]で，よく見られるデータ品質の課題を7つ挙げている：

- ●必要なデータを見つけられない
- ●不正確なデータ
- ●不十分なデータ定義
- ●不十分なデータプライバシー／データセキュリティー
- ●ソースによるデータの非一貫性
- ●データ過剰
- ●組織的な混乱

　分析基盤の中のデータがこのような状態になると，データ分析プロジェクトの推進スピードが著しく低下する．そのため，データ管理者は，分析基盤にあるデータを整理された状態に管理することを求める．

　このようなデータサイエンティストとデータ管理者の役割の違いが，両者の間の衝突を生むことがある．データサイエンティスト側からすると，単にデータをロードしてくれるだけでよいのに，なぜそんなに時間がかかるのかと不満に思う．データ管理者側からすると，同じような要求を複数件抱えており，1件を処理するにも，データを整理された状態に保つために，色々なことを検討しなければいけない．このような立場の違いにより生じる衝突により迷惑するのが，第3のステークホルダである業務部門にいるデータ分析結果の利用者である．彼らには分析基盤のデータに対して直接的な要求はないが，データサイエンティストとデータ管理者の衝突によってプロジェクトの推進が遅れるといった，業務へのインパクトが起きないことを求める．

データ管理とは

　これらステークホルダが求めることを実現できるように，データを管理することが，データ管理の仕事である．The Data Management Association（DAMA）が主導して作成した書籍『データマネジメント知識体系ガイド』[9]によると，データ管理は，データアーキテクチャー管理，データ品質管理，データセキュリティー管理，データガバナンスなどを含む，10個の主要機能から構成される．データ分析の観点で知っていたほうがよいデータアーキテクチャー管理とデータガバナンスについて簡単に紹介する．

データアーキテクチャー管理は，組織のデータ資産管理のための青写真を作る機能である．データサイエンティストの立場からすると，どこにどのデータがあるのかを，分析のたびに探し回るのではなくて，この青写真を見ればすぐわかるとうれしい．データ管理者の立場からすると，時と共に変化するデータをできるだけ効率よく管理したい．データアーキテクチャーの核心をなすものとして，エンタープライズデータモデルがある．エンタープライズデータモデルとは，組織全体のデータ項目やデータ属性，そしてこれらの相互関係を一貫した視点で記述したものである．エンタープライズデータモデルの詳細度は千差万別であるが，最も成功を収めているエンタープライズデータモデルは，サブジェクトエリアモデル，概念ビュー，論理ビューという詳細度の異なる3つで構成されている．エンタープライズデータモデルを作成，維持，拡充していくことは，データ分析のパフォーマンス向上につながる．

データガバナンスとは，データを企業の資産として活用できるようにするために，権限を行使して，データ資産の管理を，統制（計画，監視，執行）することである．データガバナンスで統制する対象は，先に紹介したデータアーキテクチャー管理をはじめ，データ品質管理，データセキュリティー管理など，DAMAがまとめた9個の機能である．データガバナンスでは，データの管理に関する役割を定め，役割を果たすための手続きやルールを整備する．

データ分析の活動が小規模で，管理するデータの種類も少ないときは，データガバナンスの活動は冗長に思えるかもしれない．しかしその規模が大きくなるにつれて，データガバナンスなしではデータ管理は機能しなくなる．早めに備えをしておくことが大切である．また，うまく管理されたデータは，複数のデータ分析のパフォーマンスを同時に引き上げる．したがって，データを管理することの効果は大きいといえるだろう．

DAMAの書籍[9]に示されているデータ管理の活動は，広範囲にわたるため，必要なことを順番に整備し運用を定着化していくべきであり，一定の時間が必要である．見方を変えると，競合組織が，あなたの組織と同じレベルに到達するには時間がかかる．したがって，段階的に整備してきたデータは，組織の外部からは観察できないが，あなたの組織の競争優位性を維持するための，重要な資産といえるだろう．

データ管理の活動は，使ってもらうためのデータ管理であることを考えると，

使う側の活動と連携している必要がある．データ整備の活動について，データ活用プロセスに関する第15章で述べたが，この活動は，データサイエンティストからのリクエストを受けて，データ管理者はデータ整備の計画を返し，データサイエンティストとデータ管理者が共にその計画に沿って活動を進めるという内容であった．データを管理する活動は，このデータ整備の活動と連携するように定めるべきだろう．

データサイエンティストからのリクエストに満額回答できないケースもある．例えば，データアーキテクチャーに悪影響を与えるようなケースである．分析基盤とデータについて，重要な意思決定が必要となる場合は，13.6節で述べた意思決定の体制において，意思決定者の判断を仰ぐことが必要である．

DevOpsから学ぶ

DevOpsとは，開発部門と運用部門が一体となったチーム体制を組むことで，業務部門に対して迅速にソフトウェアを届ける，アジャイルソフトウェア開発手法の一種である．DevOpsは，これまで役割の違いから衝突することが多かった，開発部門と運用部門が協力し，同じゴールに向かう環境を作ることを特徴としている．開発部門と運用部門の利害の構図は，データサイエンティストとデータ管理者の利害の構図と似ている．つまり，より優れた分析モデルを作る役割のデータサイエンティストは開発部門に対応し，複数のデータサイエンティストの活動を支えるデータ管理者は，運用部門に対応する．データ分析の活動が，分析モデルを段階的に改良していく特性があることも，迅速にソフトウェアを業務部門に届けたいというDevOpsが生まれた背景に共通している．DevOpsを成功させる一番のポイントは，開発と運用とが共創する文化を築くことにあるようだ．Damon Edwardsは，DevOps Days Mountain View 2013の基調講演 "*How to initiate a DevOps Transformation*" [10] で，この文化を作るためには，(1) 両部門のメンバーが，自分たちの存在理由を明確に理解すること，(2) 両部門が同じ未来の姿を共有し一致団結すること，(3) 仕事の仕方を継続的に改善すること，が大切という．データサイエンティストとデータ管理部門とがうまく連携できていないと思われる組織は，DevOpsについて勉強してみてはどうだろうか．

第17章

意思決定のありかた

　データ分析の結果をビジネス上の意思決定につなげるために，意思決定者は何を知っておくべきだろうか．データ分析に関連するかどうかに関わらず，ビジネスは意思決定の連続である．そのうち，データ分析に関わる意思決定には次の3つのレベルがある．

（1）データ分析指向の組織の体制づくり．経営層が行う意思決定であり，どのような項目があるかについては，主に第13章，第14章，および第16章で述べた．

（2）データ分析プロジェクト実施における意思決定．データ分析プロジェクト毎に行われる意思決定で，テーマの選定，分析方針の決定など，第15章で詳しく述べた．

（3）データ分析の結果を使って，業務プロセスの中で行う意思決定．業務実施部門が行う意思決定であり，例えば，「売上予測モデルの予測に基づいて，翌週の発注量を決定すること」がこれにあたる．

　この中の，（3）データ分析の結果に基づいての意思決定，について考えよう．本章では最初に，データ分析には不確実性が伴うことを理解した上で，意思決定するための意思決定の方法論について述べる．次に，この不確実性を踏まえた上で，意思決定の考え方について議論する．

17.1 意思決定の方法論

　予測モデルなど多くのデータ分析の結果は絶対的なものではなく，常に確率的なものであることに注意をする必要がある．したがって，データ分析の結果を意

思決定につなげるためには，確率的な知見の下での意思決定のあり方を議論しなければならない．以下では，そのための方法論を2つ紹介する．

 信念と証拠

1つは証拠と信念に関わるものである．あなたの会社は，客先に工作機械を納入していたとしよう．この機械は，納入1年未満の比較的新しい機械である．ある日，この工作機械から保守用の回線を通して，故障を知らせるアラームが入った．あなたは，この機械に対してただちにサービスマンを派遣すべきだろうか．

この機械に関して，今までのデータ分析の結果から，以下の3つのことがわかっているとする．

(1) 納入1年未満の機械がある日に故障する確率：1％
(2) 故障が起きた機械から正しくアラームが生成される確率：99％
(3) 故障していない機械から間違ってアラームが生成される確率：2％

アラームを受信したという前提の下で，この工作機械が実際に故障している確率はいかほどだろうか．

これは典型的なベイズ推定の問題である．この問題は，10,000台の同種の機械があったときに何台が実際に故障しているか，と考えて分割表を作ってみるとわかりやすい（表17.1）．

表17.1 10,000台の機械における故障とアラームの台数

	アラームON	アラームOFF	合計
故障している	99台	1台	100台
故障していない	198台	9,702台	9,900台
合計	297台	9,703台	10,000台

まず，上記（1）から10,000台のうち実際に故障しているのは100台のはずである（表の一番右のカラム）．この100台のうち，正しくアラームが発生されるのが，上記（2）により99台，残りの1台では故障が見落とされる（false negative). 一方, 故障していない9,900台からは上記 (3) によって, 2%の198台について, 間違ったアラームが生成される (false positive). 都合, 297台からアラームが生成される. このうち, 実際に故障しているのは99台であるので, 99/297 = 0.33, つまり, アラームを受け取ったという証拠の下での, 故障の確率は33%ということになる.

したがって, あなたはこの機械が実際に故障している確率が33%であるという推定に基づいて, サービスマンを派遣するべきかどうかを判断すべきである (サービスマンが空いていれば派遣するが, そうでない場合には他のより確率の高い故障警報を優先する, など).

上記の例は, 「故障しているかどうか」「アラームがONかどうか」の2つの変数だけを扱う確率推論モデルだが, 一般にはもっと多くの変数を扱うことになる. ただし, すべての変数間に直接の因果関係があるわけではなく, 多くの場合, 先見的な知識によって直接の因果のある変数間の依存関係だけを有向グラフとしてモデル化することができる. これを**ベイジアンネットワーク** (Bayesian network) と呼ぶ. 図17.1に, 稼働率, 2つのアラームの状態, それに機械番号, 故障状態, 過負荷状態という6つの変数を持つベイジアンネットワークを示す.

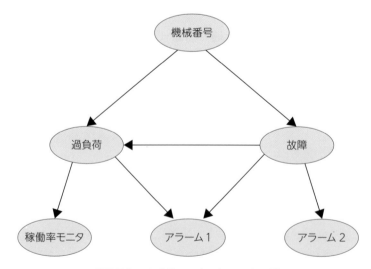

図17.1 ベイジアンネットワークの例

グラフのそれぞれのリンクには，確率が付与される．例えば，「機械番号」から「過負荷」へのリンクには，それぞれの機械によって過負荷な使われ方をする確率が付与される．いったん，各リンクに確率が付与されれば，例えばアラーム1が発生してアラーム2が発生していないときの過負荷や故障の確率などを求めることができるし，逆に，ある機械からそれぞれのアラームが発生する確率を求めることもできる．ベイジアンネットワークは，確率推論のための手軽なツールであり，グラフの編集，データからの確率付与，確率推論などを行ってくれる様々なソフトウェアがある．

期待利得に基づく意思決定

不確実性の下での意思決定の方法論として，もう1つ，期待利得に基づく方法を紹介する．ここでは，移動弁当屋の例を考えてみよう．晴れた土曜日には，公園へ行くと売上が大きいことはわかっている．過去の売上のデータ分析から，土曜日の平均売上は表17.2のようになることがわかっているものとする．

表17.2 移動弁当屋の土曜日の平均売上

	晴れ	雨
公園で営業	60,000円	10,000円
店舗で営業	20,000円	25,000円

さて，明日は土曜日である．明日は公園へ行って営業したらよいだろうか．それとも，店舗で営業すべきだろうか．

いくつかの戦略がある．1つは，**悲観主義的な戦略**であり，最悪の場合でも，売上を最大化しようというものである．もし，公園で営業すれば最悪の場合の売上は1万円（雨が降ったとき）であるが，店舗で営業すれば最低でも2万円の売上が期待できる．したがって店舗営業を選ぶのが悲観主義的意思決定（これをmaximin戦略と呼ぶ）である．

一方，**楽観主義的な戦略**は，最大の売上が得られるように行動することであり，これは明日は晴れることを期待して，公園で営業することに相当する（これをmaximax戦略と呼ぶ）．

もし，明日が晴れる確率がわかっているのであれば，期待値を考えることができる．例えば，明日が晴れる確率が70%だったとしよう．その場合の期待売上は表17.3のようになる．

表17.3 移動弁当屋の土曜日の期待売上

	晴れ（70%）	雨（30%）	期待売上
公園で営業	42,000円	3,000円	45,000円
店舗で営業	14,000円	7,500円	21,500円

晴れの確率が70%であれば，期待売上を最大化するためには公園へ行けばよい，ということになる（これを**期待利得最大化戦略**と呼ぶ）．

より一般的には，未来の事象について複数のシナリオがあり，またそれらに対して打てる手も複数ある場合を考える必要がある．自分の打ち手も含めて将来の可能性を木の形に展開したものを**決定木**（decision tree）という．ある企業の投資戦略を考える際の決定木の一例を図17.2に示す．図の中で，四角の箱は自分の打ち手を示し，長円は起こりうる結果を，その確率と共に示す．また，木の葉の

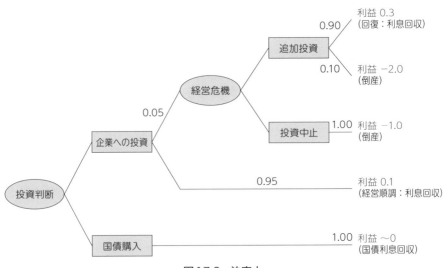

図17.2 決定木

ノードには，そのシナリオの結果得られる利益が示されている．例えば，最初の打ち手として，「企業への投資」を選んだ場合，確率5%で経営危機が起き，残りの場合は経営が順調で0.1の利益が出るものとする．

この決定木を作ることができれば，それぞれの打ち手に対する期待利得を葉の方から再帰的に求めることができる．例えば「追加投資」という打ち手の期待利得は，$0.3 \times 0.90 + (-2) \times 0.10 = 0.07$ である．

17.2 予測と意思決定

たとえ，ベイズ推定や決定木などの道具立てがあったとしても，データ分析結果だけに基づいて実際の意思決定する，データ至上主義に陥ってはならない．最終的には，データ分析結果は人間の持つ経験や直観と組み合わせる必要があるからである．その理由は以下のとおりである．

ノイズとシグナル

Nate Silver はその著書 *"The Signal and the Noise: The Art and Science of Prediction"* [11] の中で，データはノイズとシグナルが重なりあったものであり，ノイズに過ぎないものをシグナルと解釈する危険について警鐘を鳴らしている．典型的なものに「スーパーボウル指標」と呼ばれるものがある．これは，スーパーボウルでNFCチームが勝てばその年の株価は上昇し，AFCチームが勝てば株価は下降する，というものであり，実際，1967年から1997年のデータを見れば極めて正確に株価の上下と相関していた．もちろんこれは「スーパーボウルの勝者と株価の上下の相関」というノイズをシグナルと見誤った例であり，スーパーボウルの結果によって株価を予測することに合理的な意味はない．

統計的モデリングや機械学習を使って予測モデルを作る際にも，同じ危険が存在する．8.3節で過適合の問題について触れた．今見ている訓練データにあまりにもよく適合するモデルを作ってしまうと，それは未来のまだ見ぬデータの予測を外してしまう可能性が大きい．9.3節で述べた交差検証も，与えられた訓練データに対してあまりにも繰り返し用いると，知らずのうちに訓練データに特化

したモデルを選ぶことになりかねない．正則化などモデルをある程度「なまらせて」汎化性能を上げるテクニックもあるが，それらのパラメタ設定を含めて，最終的にはどこまでがシグナルで，どこからがノイズなのかは，人間であるデータサイエンティストが判断するべきものである．残念ながら今のところ，これは数理化できる性質のものではなく，経験や直観に基づくもの，としかいえない．

データと知識

9.4節でも述べたが，データ分析に基づく予測には「未来は過去の延長上にある」という根源的な仮定がある．もし，未来が過去と異なるのであれば，過去のデータに基づく予測は不正確である可能性がある．明日の土曜日に，近くの中学校を借りきって人気歌手のコンサートが行われることになった．移動弁当屋の売上予測はどうなるだろうか．これは人間の知識や直観を使って予測を修正すべき問題であり，データ至上主義のもう1つの落とし穴がここにある．

データ至上主義の罠にはまらないためにはどうしたらよいだろうか．前出のNate Silverは，予測が外れることを恐れずに，どんどん予測をしなさい，といっている．そういう経験に基づいて，人は自分の知識・経験と，データ分析の結果をうまく融合できるようになるのだろう．

前節で紹介したベイジアンネットワークや決定木では，確率の付与はデータに基づいて行ってもよいし，人間の直観によって主観的に付与してもよい．これらの手法の素晴らしいところは，人間の直観とデータを，統一的な枠組みで組み合わせて，合理的な判断の材料を与えてくれることにある．

結果論と説明責任

いくら予測に基づいて最善の意思決定をしたとしても，実際に何が起きるかは，起きてみないとわからない．極めて稀な現象が起きて，悲惨な売上になるかもしれない．そのとき意思決定者に問われるのは「その時点で最善の意思決定をしたか」を合理的に説明できることである．そのためには，まず予測モデルがどのようなプロセスで生成されたかを説明できるようにしておく必要がある．第15章で述べたデータ分析プロセスの標準化はそのための強力なツールとなりうる．

第18章 データの分析・利用に関する権利と義務

　データは適切に分析することでビジネス価値を生む．だから，データは工場や資本と同様に，キャピタル・アセットであるということができる．GoogleやAmazon.comを見ればわかるように，競争相手が持っていない，良いデータを自社で持っていることが，今後の競争力の源泉の1つになることは明らかだ．データの分析・利用に関する権利と義務については，現在ではまだ十分なルールが定まっていない．データ分析を有効活用する組織においては，知的財産，渉外，法務などの機能と協力して，データの分析・利用に関するリスク低減に努力する必要がある．

18.1 データ分析における利害関係者（ステークホルダ）

　データ分析・利用に関する権利と義務を考える際にまず考えなければならないのは，そのデータ分析に関してどのような**ステークホルダ**（利害関係者）がいるか，ということだ．これは意外と複雑である．あるメーカーが，データ分析会社に依頼して，そのメーカーの製品を消費者がどのように購買し，利用しているかを分析するとしよう（図18.1）．

　まず，データ収集の対象者，この場合は製品を購買・利用する消費者がいる．データそのものは消費者が生成するわけではないが，消費者のプライバシーに関わる情報であることがあるので，このデータがどのように利用されるかという観点からは利害関係者である．次に，このデータ収集を行う業者，例えば市場調査会社がいる．データ分析会社は，この調査会社からデータを購入する．そして，最後にその分析結果を最初の依頼者であるメーカーが利用する．このように考えると，データ収集の対象者，データ収集者，分析者，利用者が分かれていることがあるのもわかるだろう．

第18章 データの分析・利用に関する権利と義務

それぞれに，データに関する権利と義務が発生する．例えばデータ収集の対象者である消費者は，個人情報保護法で守られる．大きなコストをかけてデータを収集・整理した調査会社は，データを販売して収入を得ているので，データの利用や複製に関する権利を持っている．データ分析者は，データ分析の結果としてより価値の高い著作物を生成する．そして大元の依頼者であるメーカーは，この分析結果の利用の権利を購入する．

このように，データ分析に関わる権利・義務を考える際には，まずはその利害関係者が誰であるかを整理することが肝要である．

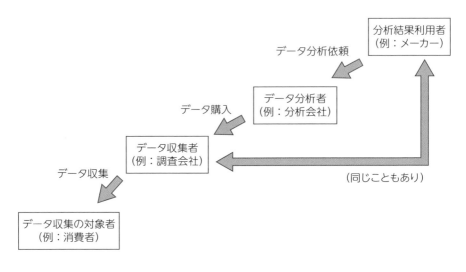

図18.1 データ分析における利害関係者の例

18.2 知的財産権に関わる法律

　データは工場や土地とは異なり，形を持たない無形の財産である．このような無形の財産の権利を，**知的財産権**という．我が国において知的財産権に関する法律は主に特許法と著作権法の2つである．

　特許法は発明者の権利を保護することによって，発明を促進することを目的としている．ここでいう発明とは，「自然法則を利用した技術的思想の創作のうち高度のもの」である．通常のデータ分析において新たな発明が生まれることは稀だろうが，もし高度なアルゴリズムを生み出した，あるいはデータ分析の新しい応用を見つけた，などのことがあれば，それが特許になるかどうかは一応検討してみる価値がある．特許は登録し，公開するのが原則である．発明を行っただけでは，自動的には権利は生まれない．必ず，特許庁に出願し，審査を経て登録されなければ権利にはならないことに注意したい．

　一方，**著作権法**は文章・音楽・プログラムなど「思想・感情を創作的に表現したもの」を保護するための法律である．著作権は，著作が創作されたときに自動的にその権利が発生する．特許と違って，出願や登録は必要ない．著作権として保護される権利には，複製権，公衆送信権（Webなどで公開することを含む），著作人格権（著作物を勝手に改変してはいけない）などがある．データそのものが著作物として著作権法で保護されるかどうかは，データの性質によるだろう．データがSNS上のテキストや画像などであれば，当然それは「思想・感情を創作的に表現したもの」であるだろうし，一方，工場の生産機械から生成されるセンサーの生データのようなものは，そのままでは著作物としては認められないだろう．ただし，センサーの生データであったとしても，それがデータベースとして整理されたものに関しては著作権が発生するというのが通説であり，多くのデータ提供者は，自身が提供するデータに関しての著作権を主張している．

　機械的に生成されるデータに関しては，それらを明示的に保護する法律は現在のところない．今後データの活用が進むにつれて，ルールが整備されていくだろうが，それまでは既存の知的財産権法を利用するか，あるいは権利・義務についてステークホルダ間で個別に契約を締結する必要がある．

18.3 個人情報保護

　我が国の**個人情報保護法**は，2003年に制定された．この法律で定めるところによる個人情報とは，「生存する個人に関する情報であって，当該情報に含まれる氏名，生年月日その他の記述等により特定の個人を識別することができるもの」をいう．具体的には，氏名や住所，電話番号，あるいは防犯カメラに写った顔などは特定の個人を識別できるので個人情報である．個人情報の収集に関しては，対象となる個人の同意を得る必要がある．

　上述のステークホルダの中では，データ収集を行う調査会社は間違いなく個人情報を扱うだろう．データ分析会社は，調査会社から個人を特定できる情報を受け取らないかもしれない．例えば，氏名などが匿名化されている場合には，そのままでは個人情報にあたらない．ただし，生年月日や住所などその他の情報から容易に個人を特定できるような場合には，個人情報となる．

　データ分析利用者であるメーカーは，ビッグデータを利用して個人別のマーケティングを行いたいのであれば，やはり個人情報を扱うことになる．一方，市場セグメンテーションなど，ある程度まとまったグループ単位での統計情報を利用するのであれば，個人情報を受け取る必要はなくなる．データ分析の利用目的に応じて，必要のない個人情報は敢えて受け取らないほうが，個人情報漏洩のリスクが小さくなることにも注意したい．

　なお，本書執筆中に，個人情報保護法は改正案が国会で審議中である．この改正案では，個人情報の利用目的の変更がやりやすくなり，その結果データの利用が拡大されることを狙っている．これによって，新たなアイディアでデータの利用が促進されると考えられるが，個人のプライバシーの重要性が変わったわけではないので，個人情報を扱う場合には十分な注意が必要である．

18.4 契約と秘密の保護

先にも述べたように，現在のところデータ利用の権利・義務についての包括的なルールがないため，他組織とのデータの授受にあたっては，個別に契約を結ぶのが一般的である．データの開示に関してよく行われるのが，**秘密保持契約**の締結である．秘密保持契約では，秘密と指定された情報の第三者への開示に関して制限が設けられる．この際，自社内他部署への開示が許されるのか，子会社や業務委託先への開示が許されるのか，などについてはきちんと確認しておく必要がある．

もう少し一般的にデータに関する権利・義務関係においては，相対（あいたい）の**ライセンス契約**を結ぶこともよく行われる．このライセンス契約においては，利用目的の制限（「当該研究目的のみに利用する」など）が行われたり，データの提供側の免責事項（「完全性・正確性・有用性について保証しない」など）が明示されたりする．ただし，免責事項があったとしても，データが広く利用されていることを知った上で，意図的にデータを改ざんすることは，他の法律による責任を問われる可能性がある．また，データを処理した結果の2次情報の扱いについても，ライセンスの中でどのように定義されているかをチェックしたい．もとの情報が完全に再現できるような加工データについては，通常元のデータと同様の制約がかけられているはずである．一方，データ分析の結果新たに得られた知見や，新たなアイディアなどは，秘密保持契約やライセンスに縛られないことが一般的である．

以上のように，データの活用に関する権利・義務については，

（1）知的財産法や個人情報保護法などの法律
（2）秘密保持契約やライセンス契約などの契約

に基づいて理解しておく必要がある．加えて，業界におけるビジネス慣行に従うこと，信義にもとる行為はしないこと，などにも気を配ることが，訴訟等のリスクを低減することになる．

18.5 オープンデータの動き

　一方で，データの利用を促進するために**オープンデータ**の動きが加速している．特に政府機関が持つデータは公共性が高いために，オープンデータとして公開されることが多くなった．米国政府のオープンデータサイトであるwww.data.govでは，本書執筆時点で13万件近いオープンデータが掲載されている．我が国においては，政府統計の総合窓口www.e-stat.go.jpが各省庁の持つ多くの統計情報を公開している．これらは基本的にスプレッドシート（Excel）形式のデータである．また，日本政府のオープンデータサイトhttp://www.data.go.jp/では，1万3千件のデータセットにアクセスできる．これらのデータの多くは，ExcelではなくHTMLやPDF形式のものであるが，今後整備されてくるものと考えられる．

　これらオープンデータにもライセンス条項があるのが普通である．これらのライセンスは，相対ではなくパブリックライセンス（1対多のライセンス）であり，利用者が皆同じ条件で利用することになる．米国のwww.data.govでは，連邦政府が提供するデータについては無制限の利用を認めている．日本のwww.data.go.jpにおいては，政府標準利用規約にのっとるコンテンツについてはやはり自由な利用を認めている．それ以外のデータについては，それぞれのデータ提供者が異なるライセンスを定義していることがあるので，注意が必要である．

参考文献

[1] M. Chambers , T. W. Dinsmore: *Modern Analytics Methodologies: Driving Business Value with Analytics*, Upper Saddle River, NJ: FT Press, 2014.

[2] B. L. Dietrich, E. C. Plachy , M. F. Norton: *Analytics Across the Enterprise: How IBM Realizes Business Value from Big Data and Analytics*, Indianapolis, IN: IBM Press, 2014.
（山田敦・島田真由巳・米沢隆・前田英志・高木將人・岡部武・池上美和子 訳：『IBMを強くしたアナリティクス』, 日経BP社, 2014.）

[3] S. Soares: *The Chief Data Officer Handbook for Data Governance*, Boise, ID: MC Press, 2015.

[4] 山田敦：アナリティクスで継続して成果を生み出す仕組み,『情報処理学会デジタルプラクティス』, 6（3）, 2015.

[5] D. Berkholz: What can data scientists learn from DevOps?, 2012.［オンライン］. Available: http://redmonk.com/dberkholz/2012/11/06/what-can-data-scientists-learn-from-devops/.［アクセス日：29 June 2015］.

[6] D. Sculley, G. Holt, D. Golovin, E. Davydov, T. Phillips, D. Ebner, V. Chaudhary , M. Young: Machine Learning: The High Interest Credit Card of Technical Debt, *SE4ML: Software Engineering for Machine Learning*（NIPS 2014 Workshop）, 2014.

[7] M. Chessell: Big Data Reference Architecture #1—Enhanced 360 degree view of the Customer, 2013.［オンライン］. Available: https://www.youtube.com/watch?v=iwpvR2d6rWw&feature=youtu.be.［アクセス日：30 June 2015］.

[8] T. C. Redman : *Data Driven Profiting from Your Most Important Business Asset*, Boston, MA: Harvard Business School Press, 2008.
（栗原潔 訳：『戦略的データマネジメント』, 翔泳社, 2010.）

[9] DAMA International : *The DAMA Guide to the Data Management Body of Knowledge*（DAMA-DMBOK）, Denville, NJ: Technics Publications, 2010.
（株式会社データ総研 監訳：『データマネジメント知識体系ガイド』, 日経BP社, 2011.）

[10] D. Edwards: How to initiate a DevOps Transformation, 2013.［オンライン］. Available: http://dev2ops.org/2013/12/how-to-initiate-a-devops-transformation-video/.［アクセス日：30 June 2015］.

[11] N. Silver : *The Signal and the Noise: The Art and Science of Prediction*, New York, NY: Penguin Press, 2012.
（川添節子 訳：『シグナル＆ノイズ』, 日経BP社, 2013.）

おわりに

　本書では，今後の社会の中で必要となるデータサイエンティストに焦点をあてて，様々な角度からデータサイエンティストを取巻く状況について考えてきた．本書を締めくくるにあたり，著者らが経験した2つのエピソードを紹介しよう．

佐賀県での取組

　佐賀県では，データ分析に基づいた効果的な施策を打ち出したいとの思いから，県統括本部政策監グループを中心に，データ利活用を推進するプロジェクトを平成26年の夏からスタートさせた[1]．各自治体では，横浜市や鯖江市などを始めとして，公共データをオープンデータ化する動きが始まっているが，佐賀県は，我が国の自治体では初の試みとして，公共データをオープンデータ化するだけでなく，公共データを収集・分析し，政策立案・評価へ活用することを目標にしている．

　例えば，佐賀県では救急車にタブレット端末を配備し「99さがネット」システムにより県内の救急現場や医療機関などを結び，救急搬送に関するデータを蓄積・共有している．このシステムの運用から得られるデータは，主に担当部署内での利用にとどまっていた．このような蓄積されたデータを活用し，組織を越えて通用する共通言語としてデータが持っている力を解き放つことにより，県民サービスを向上させることが佐賀県の目指す姿である．

　この取組みにあたり，最初は自前でデータサイエンティストを雇用することを検討したが，最終的には民間企業（コンサルティング会社）からの支援を得ることに決定し，その中でデータ利活用のノウハウを吸収している．このために，佐賀県は，前職で経営コンサルティングを行っていた職員をプロジェクト主担当者に抜擢し，データ分析サービス供給側（コンサルティング会社）とデータ分析サービス発注側（自治体）の間のギャップを解消した．

　著者らはこの取組みを立案当初から1つの事例として追跡調査をしていたが，このプロジェクトの成果として印象深かったのは，データ分析で救急医療や観光

などの新たな知見が得られたことに加えて,「佐賀県の職員のマインドセットが大きく変わりつつあるのではないか」ということだ.例えば,救急搬送プロセスの高度化に向け,消防部門と医療部門がデータという共通言語を通して,これまで以上に一体化し始めたことは印象的な変革の一つである.

　佐賀県は,今後データサイエンティストをどのように位置づけていくのだろうか.最終的な形態はおそらく,データ利活用を行う人材が分析専門部門と業務部門の両方に配置されるハイブリッド型に近い状態になるだろう.佐賀県にはもともと統計データの収集等に責任を持つ「統計調査課」があったが,平成26年度から「統計分析課」と課名を変更し,課内に統計データの複合的な分析を行う「加工分析担当」を新設している.業務部門では,データサイエンティストと呼べる専門家ではないかもしれないが,他業務部門と連携をとりつつ組織としてデータ収集・分析を行う,データ利活用人材の集団が形成されていくだろう.この過程全体を通して,佐賀県という組織において,データを意思決定に使おうという風土が醸成されていくのではないだろうか.

Co-Elevation

　多くのデータサイエンティストが口をそろえて言うのは,「いくら高度なデータ分析を行っても,意思決定者に理解してもらえなければ使ってもらえない」ということだ.本書の第1部で述べたが,データ分析の結果を受け取る側がデータに対するリテラシーを持っていることが,データサイエンティストを効果的に利活用できる前提となる.データサイエンティストばかりをいくら養成しても,受け取る側がいなければ無駄だということだ.

　だが,データ分析の結果を受け取って意思決定するのは,企業の経営者ばかりではない.広くいえば社会全体がデータリテラシーを持たなければ,データに基づく意思決定が世の中に定着していかないだろう.そのためにはどうしたらよいだろうか.教育のあり方を見直す,という自明だが困難で時間のかかること以外に,データサイエンティストの側で何かできることはないのだろうか.多くの人に,この疑問をぶつけてみた.

　うまくいくかどうかわからないが,「サービス科学」の提唱者の1人である,IBM社のJim Spohrer博士は,"Co-Elevation"という概念がもしかしたらヒント

になるのではないか，と言う．データサイエンティストのようなサービス提供者と，その結果を受け取るサービス受容者（意思決定者といってもよい）の双方が，プロジェクトを通して成長していく，という考え方である．これが可能ならば，データサイエンティストたちは，その活動を通して「社会全体のデータリテラシーの向上に寄与する」という重大なミッションも担っているのかもしれない．

そのためにデータサイエンティストが身に付ける能力は何だろうか．それは，「データとその分析結果を道具として使いながらコミュニケーションをする能力」ではないだろうか．

本書の執筆を通して，著者らは「データとは人々の営みを写す鏡である」という思いを改めて強くした．データが人々の活動から，何らかのメカニズムを通して生成されるのであると共に，そのデータを解釈し，意思決定していくのも人である．データサイエンティストは，データと人の間の橋渡しをする通訳者なのかもしれない．これからの社会において，その役割がますます期待されるデータサイエンティストのために，本書がいくばくかでも役に立てば，これ以上の喜びはない．

参考文献

[1] 佐賀県：平成26年7月8日（火曜日）定例記者会見, 2014年7月8日．［オンライン］．Available：http://www.saga-chiji.jp/2014/kaiken/index.html?page=20140708．［アクセス日：2015年6月11日］．

索引

A

A/Bテスティング ······································ 86
AIC ·· 64
ARIMAモデル ·· 77
ARMAモデル ·· 75
ARモデル ··· 76
association analysis ······························ 51
autoregressive ·· 76
autoregressive integrated moving
　　average ··· 77
autoregressive moving average ········· 75

B

Bayesian filter ·· 69
Bayesian inference ································· 65
Bayesian network ································ 136
BI ·· 48
Box-Cox transformation ··················· 44
Box-Cox変換 ··· 44
Box-Jenkins method ··························· 76
Box-Jenkins法 ··· 76
box plot ·· 47
Business Intelligence ························· 48

C

centralized ··· 92
classification ··· 59
classification tree ·································· 59
classifier ··· 59
Co-Elevation ··· 150
collaborative filtering ························ 70
confidence ··· 51
confusion matrix ··································· 59
conjoint analysis ···································· 88

convex programming problem ········· 82
convex set ·· 82
CRISP-DM ··· 14
cross tabulation ····································· 46
cross validation ····································· 71

D

dark number ··· 43
data ·· 41
decentralized ·· 92
decision tree ·· 138
deep learning ·· 72
dendrogram ··· 55
DevOps ·· 133

E

ETL ··· 120
experimental design ·························· 86

F

factor ·· 86
false negative ··· 61
false positive ··· 61
feature vector ·· 67
fitting ·· 64

G

generalization ability ························· 64
general linear model ·························· 63

H

Hadoop ··· 127
hierarchical clustering ······················ 55
holdout set ··· 71

H

hybrid ··· 92

I

interior point method ················· 82

K

Kalman filter ······························· 78
k-means method ························· 55
knapsack problem ······················· 83
k平均法 ·· 55

L

least square error ······················· 64
level ··· 86
likelihood ···································· 64
linear filter model ······················· 75
local optimal solution ················· 83
logistic regression analysis ········· 62

M

MAモデル ···································· 76
machine learning ························ 66
Map Reduce ······························ 127
mathematical programming ······· 80
maximax戦略 ····························· 137
maximin戦略 ····························· 137
maximum likelihood estimate ···· 64
modeling ····································· 15
Monte Carlo filter ······················· 79
morphological analysis ··············· 67
moving average ·························· 76
multiple regression analysis ······· 62

N

nominal scale ······························ 38
NP hard ······································· 83

NP困難 ·· 83

O

observation ································· 41
optimization ······························· 80
ordinal scale ······························· 38
orthogonal table ························· 88
outlier ·· 44
over fitting ·································· 63

P

parameter learning ····················· 64
particle filter ······························· 79
Poisson regression ····················· 62
principal component analysis ···· 69

R

random process ·························· 73
random sampling ······················· 86
record ·· 41
regression analysis ····················· 62
ROC curve ·································· 61
ROC曲線 ····································· 61

S

sample process ··························· 73
scale invariant feature transform ··· 68
scatter diagram ·························· 46
SIFT特徴量 ································· 68
simplex method ·························· 82
smoothing ··································· 70
state space model ······················· 78
stationary ··································· 75
statistical modeling ···················· 59
support ·· 51
support vector machine ············· 65

T

Taguchi method ································ 88
term vector ······································ 67
time series ······································· 73
travelling salesman problem ············ 83

U

unstructured data ····························· 66

W

white noise ······································ 75

あ

赤池情報量基準 ······························· 64
アソシエーション分析 ···················· 51
暗数 ··· 43
一般線形モデル ······························· 63
移動平均モデル ······························· 76
因子 ··· 86
埋め込み型 ································ 92, 93
オープンデータ ····························· 146

か

回帰分析 ·· 62
階層的クラスタリング ····················· 55
過学習 ··· 63
確率過程 ·· 73
過適合 ··· 63
カテゴリカル変数 ···························· 38
カルマンフィルタ ···························· 78
偽陰性 ··· 61
機械学習 ·· 66
期待利得最大化戦略 ······················ 138
偽陽性 ··· 61
協調フィルタリング ························ 70
局所最適解 ······································ 83

クレンジング ··································· 44
クロス集計 ······································ 46
形態素解析 ······································ 67
決定木 ··· 138
検出率 ··· 61
交差検証 ·· 71
個人情報保護法 ····························· 144
コミュニケーション能力 ················· 19
コンジョイント分析 ························ 88
混同行列 ·· 59

さ

最小2乗誤差 ···································· 64
最大期待利得 ··································· 65
最適化 ··· 80
最尤推定 ·· 64
サポートベクタマシン ····················· 65
散布図 ··· 46
時系列 ··· 73
自己回帰移動平均モデル ················· 75
自己回帰モデル ······························· 76
自己回帰和分移動平均モデル ·········· 77
指示的データ分析 ···························· 37
支持度 ··· 51
実験計画 ·· 86
実現値 ··· 41
実行可能解 ······································ 81
質的変数 ·· 38
重回帰分析 ······································ 62
樹形図 ··· 55
主成分分析 ······································ 69
巡回セールスマン問題 ····················· 83
順序尺度 ·· 38
状態空間モデル ······························· 78
新NP問題 ·· 70
深層学習 ···································· 67, 72

信頼度	51	特徴ベクトル	67
水準	86	特徴量の抽出	67
数理計画法	80	特許法	143
数量化I類	62	凸計画問題	82
ステークホルダ	141	凸集合	82
ステークホルダマップ	115		
ストリームコンピューティング	127	**な**	
スパースネス	69	内点法	82
スムージング	70	ナップザック問題	83
説明的データ分析	36		
説明変数	38	**は**	
線形計画問題	82	ハイブリッド型	92, 98
線形判別モデル	59	箱ひげ図	46
線形フィルタモデル	75	外れ値	44
専門組織型	92, 93	発見的データ分析	36
		パラメタ学習	64
た		パラメタ適合	64
タグチ・メソッド	88	汎化性能	64
多次元キューブ	48	悲観主義的な戦略	137
単語ベクトル	67	非構造化データ	66
単体法	82	ビジネス力	19
チェンジマネージメント	120	秘密保持契約	145
知的財産権	143	フィッティング	64
著作権法	143	分類	59
直交表	88	分類器	59
ディープラーニング	67, 72	分類木	59
定常的	75	ベイジアンネットワーク	136
データ	41	ベイジアンフィルタ	69
データアーキテクチャー管理	132	ベイズ推定	65, 135
データエンジニアリング力	20	変数変換	44
データガバナンス	132	ポアソン回帰	62
データサイエンス力	19	ホールドアウト・セット	71
データの疎性	69	捕捉率	61
適合率	61	ホワイトノイズ	75
デンドログラム	55		
統計的モデリング	59		

ま

見本過程 73
無作為抽出実験 86
名義尺度 38
目的変数 38
モデリング 15
モンテカルロフィルタ 79

や

尤度 64
予測的データ分析 37

ら

ライセンス契約 145
楽観主義的な戦略 137
離散最適化問題 82
粒子フィルタ 79
量的変数 38
レコード 41
連続最適化問題 82
ロジスティック回帰 62

著者紹介

丸山 宏（まるやま ひろし）

1983年　東京工業大学大学院理工学研究科情報科学専攻 修士課程修了
1983年　日本アイ・ビー・エム株式会社入社
　　　　同社ジャパン・サイエンス・インスティテュート（後の東京基礎研究所）に配属
1997年〜2000年
　　　　東京工業大学大学院情報理工学研究科，客員助教授を兼務
2006年　日本アイ・ビー・エム株式会社 東京基礎研究所所長
2009年　キヤノン株式会社
　　　　デジタルプラットフォーム開発本部副本部長
2011年　情報・システム研究機構 統計数理研究所 教授，現在に至る．

主要著書

『XMLとJavaによるWebアプリケーション開発』（共著・訳，ピアソン・エデュケーション，1999年）
『XMLとWebサービスのセキュリティ―XMLデジタル署名と暗号化』（共立出版，2004年）
『企業の研究者をめざす皆さんへ―Research That Matters』（近代科学社，2009年）

山田 敦（やまだ あつし）

1995年　早稲田大学理工学研究科機械工学専攻 博士課程修了
1995年　日本アイ・ビー・エム株式会社 東京基礎研究所入所
2007年　日本アイ・ビー・エム株式会社 コンサルティング部門に異動
2009年　コンサルティング部門で先進的アナリティクスチームのリーダーを務める．併せて多数のデータ分析プロジェクトを実施し，現在に至る．

主要著書

『IBMを強くした「アナリティクス」ビッグデータ31の実践例』（監訳，日経BP社，2014年）

神谷 直樹（かみや　なおき）

1996年　早稲田大学第一文学部哲学科心理学専修卒業
1998年　早稲田大学大学院文学研究科心理学専攻 修士課程修了
1998年　日本障害者雇用促進協会 障害者職業総合センター 研究部門
2003年　立教大学大学院文学研究科心理学専攻 博士課程後期課程単位取得後退学
2011年　独立行政法人 国立長寿医療研究センター 長寿医療工学研究部
2013年　博士（文学）（早稲田大学）
2014年　情報・システム研究機構 統計数理研究所 統計思考院，現在に至る．

データサイエンティスト・ハンドブック
Ⓒ2015　Hiroshi Maruyama, Atsushi Yamada, Naoki Kamiya
　　　　 Printed in Japan

2015年8月31日　初版第1刷発行

著　者　丸山　宏・山田　敦・神谷直樹
発行者　小山　透
発行所　株式会社 近代科学社
　　　　〒162-0843 東京都新宿区市谷田町2-7-15
　　　　電話 03-3260-6161　振替 00160-5-7625
　　　　http://www.kindaikagaku.co.jp

藤原印刷　　ISBN978-4-7649-0490-3
　　　　　定価はカバーに表示してあります。